Schmerzfrei sparen

Oliver Mest ist Jurist und beschäftigt sich seit mehr als 15 Jahren beruflich mit dem Thema Geld. Als Online-Redakteur und freier Autor schreibt er für Nachrichtenagenturen, Wirtschafts- und Verbrauchermagazine. Mit seinen Tipps für einen einfachen und erfolgreichen Umgang mit den eigenen Finanzen hat er bereits vielen Lesern dazu verholfen, schmerzfrei zu sparen.

Oliver Mest

Schmerzfrei sparen

222 Tipps, um preiswert
und trotzdem gut zu leben

Campus Verlag
Frankfurt/New York

Bibliografische Information der Deutschen Nationalbibliothek:
Die Deutsche Nationalbibliothek verzeichnet diese Publikation in der Deutschen Nationalbibliografie. Detaillierte bibliografische Daten sind im Internet unter http://dnb.d-nb.de abrufbar.
ISBN 978-3-593-39003-1

Umschlaggestaltung: R.M.E, Roland Eschlbeck und Ruth Botzenhardt
Umschlagmotiv: © Getty Images
Satz: Fotosatz L. Huhn, Linsengericht
Druck und Bindung: Druck Partner Rübelmann, Hemsbach
Gedruckt auf säurefreiem und chlorfrei gebleichtem Papier.
Printed in Germany

Besuchen Sie uns im Internet: www.campus.de

Inhalt

Vorwort

Die Wirtschaftskrise drückt den meisten Menschen aufs Gemüt – und auf das Portemonnaie, das nun oft wie zugenäht scheint. Auch wenn die Krise die meisten Menschen noch nicht in Form eines Arbeitsplatzverlustes mit voller Wucht getroffen hat, so macht sie sich doch häufig im Kleinen bemerkbar. Für einige fällt eine Bonuszahlung weg, andere können plötzlich keine Überstunden mehr machen, weil es weniger zu tun gibt, und wieder andere merken, dass die Auftragslage dünner wird, auch wenn es sich noch gut leben lässt. Dazu kommt, dass nicht wenige von uns in der Krise ihr Sparvermögen verloren haben oder zumindest heftige Verluste hinnehmen mussten – und so gehen auch auf diesem Weg Einnahmen wie Zinsen, Dividenden oder Spekulationsgewinne verloren, die wir jahrelang gerne mitgenommen und ausgegeben haben. Der Reflex in einer solchen Situation ist fast immer gleich: Wir wollen sparen, weniger ausgeben, ein Polster für »schlechte Zeiten« anlegen und finanzielle Sicherheit schaffen.

Dabei wird in der Regel auf Konsumverzicht und einen rigiden Sparkurs bei allen nicht unbedingt notwendigen

Ausgaben gesetzt. Aber solch ein »Nullkonsum« muss gar nicht sein! Egal, ob es nun um den täglichen Einkauf geht, um größere Anschaffungen, um die Kosten für die eigenen vier Wände oder um die richtige Vorsorge und Absicherung: Sie haben jetzt in der Krise die besten Möglichkeiten, in allen Bereichen mehr aus Ihrem Geld zu machen. Sie müssen nur die richtigen Tipps kennen, mit denen Sie das Maximum aus Ihrem Geld herausholen.

Lebensmittel: Einkaufen ohne Verzicht

An der Ernährung wollen die meisten Menschen nicht sparen, auch wenn das Geld knapper sitzt. Denn Ernährung ist Genuss. Und gesunde Ernährung ist ein Muss, weil falsches Essen krank macht. Einfach weniger Geld auszugeben funktioniert deshalb bei Lebensmitteln nicht. Aber Sie müssen auch auf gar nichts verzichten und können trotzdem sparen. Es kommt nur darauf an, das Geld cleverer auszugeben. Wie Genuss ohne Verzicht funktionieren kann, erfahren Sie in diesem Kapitel.

Die gute alte Einkaufsliste

Kennen Sie das? Sie gehen einkaufen und stehen ratlos in den Gängen, weil Sie gar nicht mehr richtig wissen, was Sie wirklich brauchen. Die Folge: Sie kaufen und kaufen und haben am Ende einen Wagen voller Dinge, die gar nicht erforderlich sind.

Hängen Sie stattdessen an einem gut sichtbaren Ort in der Küche einen Block und einen Stift auf. Notieren

Sie auf dem Block sofort, wenn Lebensmittel oder andere Haushaltsgegenstände zur Neige gehen oder aufgebraucht sind. Wollen Sie einkaufen gehen, nehmen Sie einfach den Zettel ab und kaufen genau das ein, was Ihnen ausgegangen ist und was Sie wirklich brauchen. Ihre Haushaltskasse wird es Ihnen danken.

Sie können diesen einfachen Zettel auch als Grundlage für eine Einkaufsliste nutzen, die sich am Aufbau des Supermarktes orientiert. Gehen Sie in Gedanken durch den Markt, in dem Sie einkaufen möchten: Wo steht das Gemüse? In welchem Regal finden Sie die Nudeln? Und wo geht es zur Kühltheke? Anhand dieses »Lageplans« können Sie Ihre Einkaufsliste optimieren und ersparen sich so eine Menge Zeit – und auch Geld, wie Sie im Folgenden noch sehen werden.

Krisentipp: Nur Bares ist Wahres

Eine goldene Regel für den disziplinierten und günstigen Einkauf: Zahlen Sie bar – immer. Nicht umsonst bietet mittlerweile jeder Lebensmittelhändler Kartenzahlung an – teilweise sogar schon über Kreditkarte: Denn je weniger Sie mit dem Geld in Berührung kommen, das Sie ausgeben, umso sorgloser gehen Sie damit um und lassen sich zu unnötigen Extraausgaben verleiten.

Zielgerichtet einkaufen

Kaufen Sie in Zukunft noch gezielter ein, wenn Sie sparen wollen. Wälzen Sie Prospekte, bevor Sie Ihre Einkaufsliste schreiben, oder, noch bequemer, nutzen Sie die Internetseite *www.supermarktangebote.de*: Dort finden Sie nämlich die aktuellen Angebote aller Discounter – von Aldi über Lidl bis hin zu Schlecker und Norma. Zusätzlich besteht die Möglichkeit, sich für den Newsletter einzutragen – dann bekommen Sie die Infos frei Haus in Ihr E-Mail-Postfach. Sie bekommen hier alle Discounter-Angebote auf einen Blick und erfahren durch den Newsletter, ob sich in den kommenden Tagen der Besuch bei einem der Händler lohnt. So sind Sie auf jeden Fall über unmittelbar bevorstehende Angebote bestens informiert!

Denken Sie auch daran: Nicht umsonst setzen teure Supermärkte auf Vollsortimente. Sie sollen alles aus einer Hand bekommen und gar nicht woanders hingehen müssen (um dort vielleicht Preise zu vergleichen). Wenn Sie aber aus Bequemlichkeit nur zu einem Händler gehen, weil es dort alles gibt, zahlen Sie fast immer mehr. Besser: Steuern Sie verschiedene Geschäfte an, und suchen Sie dort gezielt die günstigsten Produkte. Klar ist aber auch: Das lohnt sich nur, wenn Sie nicht für ein paar Cent Ersparnis stundenlang dorthin fahren müssen.

Krisentipp: Diszipliniert einkaufen
Disziplin ist schon die halbe Ersparnis beim Einkauf. Beispiel Einkaufsrhythmus: Je öfter Sie einkaufen gehen, umso mehr Überflüssiges landet im Wagen. Gehen Sie nur einmal pro Woche mit Einkaufsliste los, und kaufen Sie gezielt, was Sie wirklich brauchen. Die Ersparnis im Monat liegt bei bis zu 5 Prozent Ihrer regelmäßigen Ausgaben.

Die Tricks der Supermärkte

Wundern Sie sich auch, dass Ihr Einkaufswagen im Supermarkt immer voller ist, als Sie es eigentlich vorhatten? Das liegt daran, dass Ihr Einkauf genauestens geplant wird – aber nicht von Ihnen, sondern von Marketingexperten, die nur ein Ziel haben: Sie um möglichst viele Euros zu erleichtern. Grund genug, die Tricks der Supermärkte zu enttarnen und den Marketingexperten ein Schnippchen zu schlagen:

Korb statt Wagen nehmen Wenn Sie nur einen kleinen Einkauf mit vier oder fünf Dingen planen, nehmen Sie am besten einen Einkaufskorb (welche in der Regel im Eingangsbereich an den Kassen stehen) statt eines Wagens. Denn ein riesiger, leerer Wagen vermittelt immer den Eindruck, noch nicht genug gekauft zu haben. Ein kleiner Korb hingegen zwingt fast dazu, nur das zu kaufen, was wirklich auf dem Zettel steht – und außerdem bremst ein Korb automatisch: Wenn er zu schwer wird, verlieren Sie erfahrungsgemäß die Lust, weiter einzukaufen.

Nicht vom Weg abkommen Wie oft »biegen« Sie beim Einkauf ab, weil Sie den verlockenden Angeboten abseits des direkten Wegs durch den Supermarkt folgen? Marketingexperten wissen genau, dass Sie mehr kaufen, wenn Sie mehr sehen, weil Bedürfnisse geweckt werden. Bewaffnen Sie sich deshalb mit einer Einkaufsliste, die auf den Aufbau des Supermarktes abgestimmt ist, und arbeiten Sie die Liste exakt ab – mit Scheuklappen vor allem nach rechts. Denn Supermärkte sind für Rechtshänder angelegt. Die teuren Produkte stehen rechts in den Regalen, denn dort wird spontan zugegriffen. Um also vielen Lockangeboten zu entgehen, sollten Sie bewusst nach links sehen.

Immer schön bei der Sache bleiben Ein beliebter Trick der Supermärkte: Produkte werden an Plätzen beworben, an denen nichts Vergleichbares steht. So findet sich eine Extrapalette Kartoffelchips mitten in der Getränkeabteilung wieder – versehen mit einem riesigen Preisschild, das uns suggeriert: Hier kaufen Sie billig. Tatsächlich ist der Preis bestenfalls der normale Ladenpreis, was Sie aber nicht wissen können, denn Preise zu vergleichen ist schwer möglich, wenn Sie vor den einzigen Chips weit und breit stehen. Kaufen Sie deshalb alles, was Sie benötigen, immer nur dort, wo es hingehört, also Chips bei den Knabbereien, Apfelsaft in der Getränkeabteilung und Spülmittel bei den anderen Reinigern.

Nicht verführen lassen Wenn Sie einkaufen gehen, reagieren Sie zu Beginn aufmerksamer auf angebotene Waren als in der Mitte oder am Ende Ihres Weges. Deshalb werden in Supermärkten immer diejenigen Produkte im Eingangsbereich platziert, die die höchsten Margen versprechen, denn Sie greifen schlichtweg häufiger zu. Lassen Sie sich deshalb zu Beginn des Einkaufs niemals zum Zugreifen verführen – warten Sie bis zum Bereich an den Kassen: Dort werden erfahrungsgemäß die Artikel platziert, die wegmüssen und dementsprechend günstig sind. Dort können Sie dann richtige Schnäppchen machen!

Krisentipp: Ohne Kinder einkaufen
Ein nervenaufreibendes Problem ist die verführerische Quengelware, die Sie beim Einkauf mit Kindern teuer zu stehen kommt: Wenn Sie aber den undisziplinierten Griff rechts und links vom Einkaufswagen nicht zulassen, können Sie im Monat bis zu 10 Euro sparen – am einfachsten, indem Sie Ihr Kind zu Hau-

se lassen. Wenn Ihr Partner nicht aufpassen kann, wechseln Sie sich mit einer Freundin oder einem Freund ab.

Vermeintlichen Angeboten widerstehen Sehr trickreich sind auch die Markenwaren, die die Händler (zum normalen Preis versteht sich) zwischen zwei Sonderangeboten platzieren. Denn wir sehen zunächst einmal die Sonderangebote und nehmen nicht wahr, dass die Markenware zum normalen Preis angeboten wird – und sich im Übrigen bestens verkauft! Das funktioniert im Regal übrigens genauso wie auf freien »Aktionsflächen« mitten im Laden, auf denen die Ware palettenweise angeboten wird. Schauen Sie also bei Sonderangeboten mindestens zweimal hin! Vergleichen Sie bei Sonderangeboten immer die Aktionspreise mit den Normalpreisen, und verlassen Sie sich nicht darauf, dass Angebote schon günstig sein werden.

Nicht auf den Verfallsdatum-Trick hereinfallen Einige Märkte bieten ihren Kunden eine Prämie, wenn sie Produkte mit abgelaufenem Haltbarkeitsdatum finden. Tolle Idee, denken Sie wahrscheinlich, hier wird wirklich auf Frische geachtet. Tatsächlich aber achtet der Hersteller vor allem auf seinen Profit. Denn natürlich weckt die Auslobung einer Prämie den Jagdinstinkt einiger Menschen. Und während diese auf der Suche nach »Abgelaufenem« sind, merken sie gar nicht, wie sie sich mit Produkten beschäftigen, die sie gar nicht kaufen wollten (und die demnächst garantiert im Wagen liegen).

Marken enttarnen Wir kaufen alle gerne Qualität im Supermarkt – auch beim Discounter. Und dort ist der Kauf von Markenartikeln besonders günstig! Wie, der Discounter hat keine Markenware? Tatsache ist: Beim Discounter werden Markenprodukte im großen Stil verkauft – unter fremdem Namen. Denn natürlich sprechen die Markenzulieferer nicht gerne darüber, dass sie die Discounter beliefern und dort ihre Produkte zu Niedrigstpreisen auf den Markt werfen. Denn wer zahlt noch für das Original, wenn er die gleiche Ware in einer anderen Verpackung viel billiger bekommen kann? Sie wollen wissen, ob Ihre Lieblingsmarke bei Aldi günstiger abgegeben wird? Dann gehen Sie auf die Seite *www.wer-zu-wem.de/handelsmarken/handelsmarken.html* – dort gibt es einen tollen Service, denn hier erfahren Sie für Dutzende Produkte der Discounter die wahren Hersteller.

Krisentipp: Taschen statt Tüten
Verzichten Sie konsequent auf Tüten aus dem Supermarkt. Wenn Sie eigene Stofftaschen oder bereits benutzte Tüten zum Einkaufen mitnehmen, sparen Sie im Jahr locker 20 bis 30 Euro.

Saisonal einkaufen und bares Geld sparen

Spargel im Dezember? Grünkohl im Juni? Himbeeren im Februar? Alles machbar, wenn Sie bereit sind, den Preis dafür zu zahlen. Und der ist richtig hoch: Zunächst einmal wird die Umwelt immens belastet, wenn der Spargel im Winter um die halbe Erde geflogen werden muss. Vor allem aber wird Ihr Portemonnaie heftig belastet, denn im Winter ist Spargel bis zu sechsmal so teuer wie in der deutschen Spargelsaison. Greifen Sie also zu regionalen Spezialitäten, die es zur jeweiligen Saison wirklich zum kleinen Preis gibt – das ist nicht nur günstiger, sondern es schmeckt auch um einiges besser, da die Produkte frisch sind und reif geerntet wurden. Und Saison ist das ganze Jahr über!

Saisonkalender

Januar	Februar	März
Äpfel (aus Lagerung ganzjährig, je nach Sorte) Knollensellerie Rot- und Rosenkohl Schwarzwurzeln Wirsing	Chicorée China- und Rotkohl Feldsalat Wirsing	Chicorée Chinakohl
April	**Mai**	**Juni**
Blattspinat Radicchiosalat Radieschen Rhabarber	Blattspinat China- und Spitzkohl Kohlrabi	Batavia-, Eisberg- und Kopfsalat versch. Beeren Blumenkohl

April	Mai	Juni
	Kopfsalat Meerrettich Rettich Rhabarber Spargel	Meerrettich Rettich Tomaten

Juli	August	September
Aprikosen Batavia-, Eisberg- und Kopfsalat Beeren Blumenkohl Bohnen Erbsen Kirschen Salatgurken Tomaten Zucchini	versch. Beeren versch. Bohnen Chinakohl Eisberg- und Kopfsalat Mirabellen Pflaumen Renekloden Salatgurken Zucchini Zwetschen	Birnen versch. Bohnen China-, Rot- und Weißkohl Eisberg-, Endivien- und Kopfsalat Fenchel Pflaumen Stangensellerie Wirsing Zucchini Zuckermais Zwiebeln

Oktober	November	Dezember
Birnen Blattspinat Brechbohnen Chicorée China-, Rot- und Weißkohl Endivien- und Feldsalat Fenchel Kürbis Lauch Möhren Stangensellerie Wirsing	Chicorée China-, Grün-, Rot-, Rosen- und Weißkohl Kürbis Lauch Quitten Rote Bete Schwarzwurzeln Wirsing	Chicorée China-, Rosen- und Weißkohl Knollensellerie Kürbis Rote Bete Schwarzwurzeln Wirsing

Krisentipp: Kurz vor Geschäftsschluss einkaufen
Auf dem Wochenmarkt und bei Bäckereien können Sie sehr viel Geld sparen, wenn Sie erst kurz vor Geschäftsschluss einkaufen gehen. Denn Bäcker und auch viele Gemüsehändler auf dem Wochenmarkt sind froh, wenn sie ihre leicht verderblichen Produkte noch an den Kunden bringen können – Rabatte von bis zu 75 Prozent für ganz reguläre Ware sind so problemlos möglich.

Selbstmachen lohnt sich

Brot selbst backen, Joghurt in der heimischen Küche produzieren, Mineralwasser im Sprudler herstellen, frische Pizza statt teurer Tiefkühlprodukte wählen oder eigene Kräuter vom Balkon statt aus kostspieligen Supermarkt-Töpfen zupfen: Wenn Sie Lust (und Zeit) haben, lassen sich Lebensmittel und Getränke oft sehr viel günstiger selbst herstellen. Ein weiterer Vorteil neben der Preisersparnis: Sie wissen genau, was Sie essen, welche Zutaten in den Produkten sind und Sie müssen sich nicht auf die Seriosität des Produzenten verlassen. Und dazu kommt noch ein leises Gefühl von Stolz, wenn Sie den selbst gezogenen Schnittlauch auf das noch ofenfrische, gebutterte Brot streuen, hineinbeißen und merken, dass keine Industrieware da jemals heranreichen wird.

Anhand des folgenden Beispiels eines Pasta-Gerichts für zwei bis drei Personen wird deutlich, dass es sich preislich und geschmacklich lohnt, nicht zu Fertigprodukten zu greifen – und gesünder ist es auch!

Pasta mit Tomatensauce

Fertigprodukt	Frisch zubereitet
	400 g Tomaten (Dose) 0,49 € Spaghetti 0,69 € Zwiebel 0,20 € Olivenöl 0,10 € Gewürze 0,30 €
Kosten: **1,89 €**	Gesamtkosten: **1,78 €**
Zubereitungszeit: 15 Min.	Zubereitungszeit: 20 Min.
Enthält: modifizierte Stärke, Zucker, Speisewürze, Rote-Bete-Pulver	Enthält: Keine Konservierungs- oder Aromastoffe

Mehr Qualität fürs Geld

Je weniger Geld uns für das Einkaufen zur Verfügung steht, umso wichtiger ist es, das Geld überlegt auszugeben. Es ist Ihnen sicherlich auch schon einmal passiert, dass Sie versehentlich welkes Gemüse, unreifes Obst oder Ware mit »Gefrierbrand« aus der Tiefkühltruhe mit nach Hause genommen haben. Denken Sie daran: Nur sorgfältig ausgewählte Lebensmittel sind reich an gesundheitsfördernden Inhaltsstoffen und schmecken wirklich lecker. Schauen Sie sich deshalb genau an, was Sie kaufen. Nicht immer werden Lebensmittel frisch geliefert und optimal gelagert. Hier ein paar Tipps, worauf Sie achten müssen.

Obst und Gemüse

Frisches Obst oder Gemüse ist von guter Qualität, wenn es eine intensive Farbe und einen aromatischen Duft aufweist. Wenn die bunten Vitaminbomben nicht mehr knackig sind, sondern welke Blätter oder vergilbte Stängel, verholzte Wurzeln oder braune Strünke haben, dann ist Vorsicht geboten – Obst und Gemüse sind dann oft alt und haben geschmacklich verloren.

Fisch

Fisch ist mittlerweile ein unglaublich teures Lebensmittel. Umso wichtiger ist es, dass Sie für Ihr Geld auch optimale Qualität bekommen. Wie Sie frischen und damit gesunden und leckeren Fisch erkennen, sehen Sie in der folgenden Checkliste. Erfüllt er diese Kriterien nicht, sollte der Fisch nicht in Ihrem Einkaufswagen landen.

Checkliste: Frischer Fisch

- □ riecht nie nach Fisch, sondern nach Meer, Salzwasser oder Algen;
- □ sieht frisch aus und hat unbeschädigte, glänzende Schuppen, leuchtend rote Kiemen, klare, nach außen gewölbte Augen und ist eventuell mit einem leichten, klaren Schleim überzogen;
- □ hält einer Fingerprobe (eine mit dem Finger eingedrückte Stelle muss innerhalb weniger Sekunden wieder zurückkommen) stand, denn er hat ein festes und elastisches Fleisch.

Fleisch

Für viele ist ein »ordentliches Stück Fleisch« immer noch der Inbegriff des »richtigen« Essens. Allerdings wird es auch immer mehr zu einem teuren Vergnügen. Umso wichtiger, dass Sie für Ihr gutes Geld auch gute Qualität bekommen. Woran Sie erkennen, dass das auch wirklich der Fall ist, lesen Sie hier.

Checkliste: Frisches Fleisch

- □ hat eine frische Farbe, keine dunklen Ränder und keinen gräulichen Farbton;
- □ liegt trocken in der Auslage oder Verpackung und darf keinesfalls im eigenen Saft schwimmen;
- □ hat einen frischen Glanz, niemals aber eine stumpfe Oberfläche;
- □ lässt sich nicht mit dem Finger eindrücken (lassen

Sie die Fingerprobe machen!), ansonsten ist es alt oder stammt aus einer schnellen Aufzucht, was auf mindere Qualität schließen lässt;

- riecht nach »gar nichts« und darf auf keinen Fall einen süßlichen oder säuerlichen Geruch haben – dann ist es verdorben;
- ist selten mariniert (zum Beispiel eingelegtes Grillfleisch). Achtung: Marinade übertüncht hervorragend sämtliche Mängel alten und qualitativ minderwertigen Fleisches.

Wenn Sie wirklich sicher gehen möchten, dass Sie nur Fleisch von bester Qualität kaufen, sollten Sie sich das Fleisch von Ihrem Metzger unter neutralem Licht zeigen lassen. Denn oft liegt das Fleisch in Theken mit spezieller Beleuchtung, die es rot und saftig erscheinen lassen, auch wenn das bei Tageslicht betrachtet nicht der Fall ist.

Sie möchten auf die leckere Marinade Ihres Metzgers nicht verzichten? Dann bitten Sie ihn doch einfach, Ihnen Fleisch und Marinade getrennt zu verkaufen. So haben Sie die Gewissheit, dass Sie frisches Fleisch kaufen und müssen auf das lecker eingelegte Grillfleisch nicht verzichten.

Krisentipp: Weniger ist mehr
Ohne Frage ist lecker zubereitetes Fleisch eine Delikatesse, die zudem in Maßen genossen auch für eine gesunde Ernährung sinnvoll sein kann. Doch mehr als zwei Portionen Fleisch oder Wurst pro Woche sollten es aus ernährungswissenschaftlicher Sicht ohnehin nicht sein. Wenn Sie sich also etwas Gutes tun möchten, sollten Sie den Fleischkonsum einschränken – Ihre Gesundheit wird es Ihnen ebenso danken wie Ihr Geldbeutel!

Tiefkühlware

Tiefkühlware ist heute aus dem Haushalt nicht mehr wegzudenken. Allerdings ist auch bei den beliebten Tiefkühlprodukten die Qualität schwankend. Woran Sie untadelige Tiefkühlware erkennen, lesen Sie hier.

Checkliste: Einwandfreie Tiefkühlprodukte

- ☐ werden einzeln eingefroren und dürfen demnach nicht verklumpt sein;
- ☐ sind nicht vereist und haben keinen »Schnee« in der Verpackung (bei bedruckten Beuteln können Sie das herausfinden, indem Sie sie schütteln – es darf nicht knistern!);
- ☐ sind gegebenenfalls glasiert (hochwertige Meeresprodukte wie Garnelen oder Krabben);

- □ haben keinen Gefrierbrand (graue Flecken an den Rändern).

Haushaltskasse: So kommen Sie nicht in die roten Zahlen

Haushaltskassen oder Haushaltsbücher stehen nicht sehr hoch im Kurs, sie gelten als spießige Spaßverderber. Dabei sehe ich immer wieder: Mit einer realistischen Finanzplanung und einer konsequenten Umsetzung kann jeder mit seinem Geld wunderbar zurecht kommen, auch wenn es – wie jetzt in der Krise – vielleicht nicht mehr so locker sitzt. Und es ist auch völlig egal, ob Sie viel oder wenig verdienen (das ist ohnehin sehr relativ) und ob Sie das Gefühl haben, finanziell gut dazustehen oder nicht. Wichtig ist, dass Sie Ihr Geld managen, Ihre finanziellen Mittel einplanen und sich an diese Planung halten.

Planung – einfach und nachvollziehbar Intelligentes Geldmanagement und eine erfolgreiche Planung sind keine Zauberei. Sie brauchen auch keine aufwändige Software oder Ähnliches. Sie nehmen sich einfach ein Blatt Papier und erstellen eine Tabelle mit vier Spalten (schriftliche Planung ist ein Muss, weil sich nur dann der Erfolg auch kontrollieren lässt; das geht natürlich auch elektronisch). In die beiden linken Spalten kommen alle

Ihre regelmäßigen und unregelmäßigen Ausgaben, und in die beiden rechten tragen Sie alle regelmäßigen und unregelmäßigen Einnahmen ein.

Ideal: Die Jahresplanung Durchforsten Sie die Kontoauszüge und Kreditkartenabrechnungen der letzten zwölf Monate, damit Sie nichts vergessen und auch unregelmäßige Ausgaben (wie Autoversicherung oder Urlaub) und Einnahmen (zum Beispiel das Weihnachtsgeld) erfassen. Wenn Sie alle Zahlen beisammen haben, rechnen Sie nach: Sind Ihre Jahreseinnahmen insgesamt größer als die Ausgaben, oder ist es umgekehrt? Ihr Geldmanagement kann nur erfolgreich sein, wenn unter dem Strich zumindest eine Null steht – ein Minus ist inakzeptabel. Finanziell erfolgreiche Unternehmen setzen auf die einfache Formel »Mehr einnehmen und weniger ausgeben«, und das gilt nun auch für Sie.

Richten Sie ein Rücklagenkonto ein Die größten Löcher reißen einmalige Ausgaben in die Haushaltskasse, auch wenn sie monatelang vorher absehbar sind. Wir wissen zwar, dass immer im Januar die Autoversicherung fällig wird, aber wir verdrängen es von Februar bis Dezember – und dann fehlt uns das Geld, wenn die Versicherungsgesellschaft es »plötzlich« haben will. Deshalb tun Sie am besten so, als wenn die unregelmäßigen Kosten jeden Monat fällig würden, und überweisen Sie einen entsprechenden Betrag auf ein separates Sparbuch, Ihr Rücklagenkonto.

Geld soll das Leben auch schön machen! Zu einer guten Geldplanung gehört auch ein kleines Stück finanzielle Freiheit. Gönnen Sie sich jeden Monat nach Ihren finanziellen Möglichkeiten die Summe X, und genießen Sie die geplante Spontanausgabe für ein kleines oder größeres Extra – in der sicheren Gewissheit, dass Sie Ihre Finanzen bestens im Griff haben und sich den kleinen Luxus leisten können.

Möbel, Kleidung und Co: Mehr für den Euro bekommen

Größere und kleinere Anschaffungen können uns schnell in eine finanzielle Bredouille bringen. Dabei ist es gar nicht so schwer, selbst den Kauf eines Autos zu stemmen – wenn Sie frühzeitig mit der Planung dieses Großprojektes beginnen! Wenn Sie dazu noch wissen, wo und wie Sie satte Rabatte einstreichen oder wirkliche Schnäppchen ergattern, können Sie Ihren Lebensstandard auch in der Krise weiterhin halten – oder sogar noch ein wenig Luxus in Ihr Leben bringen.

Große Anschaffungen locker meistern

Sie kommen ganz sicher und Sie wissen es: Anschaffungen wie ein neuer Kühlschrank, eine neue Waschmaschine oder ein neues Auto. Und trotzdem sind viele nicht darauf vorbereitet, wenn der Kauf dann tatsächlich ansteht und sie dringend Geld für die Anschaffung brauchen. Ändern Sie das! Sie können solche Ausgaben planen, sie in Ihrem Budget vorsehen und zu einer finanziellen Routine werden lassen – wie das monatliche Bezahlen einer Telefonrechnung. Und dann wird auch kein Kauf auf Pump mehr notwendig sein, der Sie ohnehin zu teuer zu stehen kommt – mehr dazu weiter unten in diesem Kapitel. Wie Sie am besten vorgehen, wenn Sie eine größere Anschaffung planen, lesen Sie hier:

Ziele frühzeitig definieren Der erste und zugleich wichtigste Schritt ist, die nächsten Anschaffungen abzuschätzen. Gibt Ihr Auto langsam den Geist auf? Brauchen Sie für den nächsten Sommer endlich ein neues Fahrrad? Oder ist der Kühlschrank in die Jahre gekommen? Nehmen Sie das Beispiel des Kühlschranks: Sagen wir einmal, Ihr Modell ist neun Jahre alt. Zwei oder drei Jahre wird er vielleicht noch laufen, aber dann ist Schluss. Fangen Sie jetzt an, sich Gedanken zu machen, auch wenn die Neuanschaffung noch so weit weg scheint: Welches Modell kommt infrage? Welche Alternativen gibt es? Was wird Sie die Anschaffung kosten?

Konditionen festlegen Wenn Sie davon ausgehen, dass ein neuer Kühlschrank mit 1 200 Euro zu Buche schlägt und Sie ihn in drei Jahren kaufen wollen, haben Sie 36 Monate, um das Geld dafür zu sparen. Damit müssen Sie im Monat rund 33,34 Euro zurücklegen, um in 36 Monaten das Geld für den neuen Kühlschrank auf dem Konto zu haben.

Absender

Name, Vorname

Firma/Institution

Abteilung

Straße

PLZ, Ort

Wenn Sie regelmäßig unseren Newsletter erhalten möchten, nennen Sie uns bitte Ihre E-Mail-Adresse:

E-Mail

Bitte freimachen, falls Marke zur Hand

Antwort

Campus Verlag
Kurfürstenstr. 49
60486 Frankfurt

In kleinen Schritten 33,34 Euro im Monat klingt viel – wenn Sie das Gefühl haben, die erforderlichen Rücklagen (für den Kühlschrank und andere Anschaffungen) überfordern Sie, dann nutzen Sie einen kleinen psychologischen Trick: Teilen Sie die 1200 Euro nicht durch 36, sondern durch 156 – das ist die Anzahl der Wochen, bis der Kühlschrank vermutlich den Geist aufgibt. Und damit wären nur 7,69 Euro die Woche fällig – eine Summe, die übrig sein dürfte.

Beiträge regelmäßig abbuchen lassen Sehen Sie die 33,34 oder 7,69 Euro jeden Monat beziehungsweise jede Woche als feste Ausgabe an – wie die Stromrechnung oder die Miete. Lassen Sie den Betrag abbuchen und auf ein Sparkonto überweisen, und bald ist es für Sie völlig normal, Geld für den Kühlschrank zurückzulegen.

Visualisieren Sie Ihr Ziel Es ist leichter, die Spardisziplin zu wahren, wenn Sie regelmäßig sehen, wofür Sie sparen. Drucken Sie sich (zum Beispiel aus dem Internet) ein Foto von Ihrem Wunschkühlschrank aus, und kleben Sie es an Ihren jetzigen Kühlschrank – das motiviert beim Sparen. Machen Sie unter das Foto ruhig 36 oder 156 kleine Kästchen, und kreuzen Sie jede Woche oder jeden Monat eins an: So sehen Sie, wie weit Sie von Ihrem Ziel noch entfernt sind.

Sonderzahlungen leisten Sie haben Geld in Ihrer Jacke gefunden? Sie haben weniger für Lebensmittel ausgegeben als gedacht? Wenn Sie hier und da mal ein paar Euros übrig haben, nutzen Sie sie, um Ihr Ziel schneller zu erreichen.

Zunächst nur ein Ziel setzen Wenn Sie daran denken, welche Anschaffungen demnächst anstehen, fällt Ihnen sicherlich einiges ein. Allerdings sollten Sie nicht versuchen, mehrere Ziele nebeneinander erreichen zu wollen. Gerade am Anfang ist es schwer, auf Dauer für mehrere Ziele zu sparen, ohne den Enthusiasmus zu verlieren. Nach einigen Monaten werden Sie besser damit umgehen können, für Anschaffungen Geld zu sparen, und dann können Sie noch einmal darüber nachdenken, ob nicht mehrere Ziele nebeneinander »besparbar« sind.

Zwei Wege, einen 1200-Euro-Kühlschrank zu kaufen

Jetzt kaufen – später zahlen	Jetzt sparen – später kaufen
Kaufpreis: 1200 Euro	Kaufpreis: 1200 Euro
Anschaffung als Kreditkauf mit 36 Monaten Laufzeit und 8,99 % Zinsen	Anschaffung nach einer Ansparphase mit 33,34 Euro monatlich, in der das Geld mit 4 % verzinst wird
Zinsen bezahlt: 174 Euro Abbezahlt nach: 36 Monaten Kosten insgesamt: 1374 Euro	Zinsen erhalten: 76 Euro Abbezahlt nach: 36 Monaten Kosten insgesamt: 1124 Euro
Wenn Sie das Geld ansparen, zahlen Sie für den Kühlschrank insgesamt 250 Euro weniger, als wenn Sie ihn auf Kredit anschaffen!	

Krisentipp: Online-Konditionen in jedem Laden
Grundsätzlich ist nicht alles günstiger, was im Internet verkauft wird. Aber der Online-Kauf hat unschlagbare Vorteile: Zum einen wird die Ware direkt bis vor die Tür geliefert. Und zum anderen haben Sie im Internet deutlich bessere Möglichkeiten, falsche Kaufentscheidungen rückgängig zu machen. Denn Sie können – anders als beim Fachhändler vor Ort – nach den Vorschriften für Fernabsatzverträge ohne Angabe von Gründen fast jeden Vertrag innerhalb von zwei Wochen widerrufen oder die Ware zurückgeben. Wenn Sie nicht online kaufen, machen Sie den Kauf im Fachhandel vor Ort doch zu einem Quasi-Online-Einkauf. Vereinbaren Sie mit dem Händler, dass Sie wie beim Online-Einkauf ein 14-tägiges Umtauschrecht haben. Die meisten Händler werden sich darauf einlassen – vor allem, wenn sie gleichzeitig einen Online-Shop betreiben und dort die vorteilhafteren Spielregeln ohnehin gelten.

Chic aussehen – und wenig dafür zahlen

Sie wollen gut aussehen? Sie müssen jeden Tag wie aus dem Ei gepellt bei der Arbeit erscheinen? Und Sie haben (wie 99 Prozent Ihrer Leidensgenossen) nur ein begrenztes Budget fürs gute Aussehen? Dann müssen Sie jetzt endlich erfahren, wie Sie und Ihr Konto immer gut aussehen.

Gutes günstig bekommen Auch wenn Ihr Kleiderschrank durch cleveres Kombinieren einiges hergibt: Für manche Gelegenheit muss es einfach etwas Außergewöhnliches zum Anziehen sein. Wenn Sie zum Beispiel Kleidung vom Designer suchen, werden Sie im Internet unter *www.dress-for-less.de* fündig und können ausgesuchte, edle Markenartikel zum Schnäppchenpreis kaufen!

Schmuck – einfach leihen Teurer Schmuck für besondere Anlässe ist für viele unerschwinglich – wenn er gekauft wird. Anders bei geliehenem Schmuck. Anbieter wie *fashionette.de* bieten neben anderen Accessoires auch Schmuck zum Wochen-Verleih an! Ebenfalls im Verleih-Angebot: Taschen, Brillen und Kleider: Neben *fashionette.de* erfüllen auch Websites wie *www.taschenreich.com* und *runawaybag.de* Frauenträume und verleihen Taschen-Klassiker von Louis Vuitton oder Dolce&Gabbana ab 25 Euro die Woche. Ein echtes Schnäppchen, denn neue Modelle liegen oft bei mehreren Hundert Euro, wenn Sie sie kaufen – und sind schon nach wenigen Wochen oftmals wieder out!

Krisentipp: Werden Sie Modell

Friseure suchen ständig Frisurenmodelle, an denen sich Auszubildende versuchen können. Die Arbeit ist oft sehr gut, weil die Arbeit des Friseur-Nachwuchses sehr genau begutachtet wird. Sie bekommen also in der Regel einen tollen Schnitt und zahlen dafür nichts.

Anzug auf Abruf Auch Kleidung lässt sich mieten: Anbieter wie *kostuem-kontor.de* oder *rent-a-suit.de* verleihen Klamotten für jeden Anlass – von der Abendgarderobe bis zum Businessanzug. Wichtig: Informieren Sie sich genau über die Kosten und Verleihbedingungen, die sehr unterschiedlich sein können.

Fabrikverkäufe nutzen Fabrikverkäufe für Kleidung laufen seit Jahrzehnten – und sie laufen gut. Und nicht nur das: Auch Kosmetika, Schuhe, Kindermode oder Unterwäsche werden bei speziellen Fabrikverkäufen günstig unter das Volk gebracht. Eine schöne Übersicht über alle Fabrikverkäufe finden Sie online unter *www.factory-outlets.org.*

Duften – aber günstig Ihr Lieblingsparfüm ist leer und beim Händler um die Ecke viel zu teuer? Macht nichts, denn im Internet finden Sie Parfüm wirklich günstig – gegenüber dem regulären Ladenpreis können Sie bis zu 70 Prozent sparen: Klicken Sie einfach einmal unter *www.parfum-detektiv.de* rein – die Seite hilft bei der Suche nach den günstigsten Parfüms in verschiedenen Online-Shops.

Schnäppchen für Clubmitglieder Mit dem Motto »Eintritt nur für Mitglieder« werben die mehr oder weniger exklusiven Clubverkäufe, die derzeit wie Pilze aus dem Boden schießen. Das Prinzip ist immer gleich: Sie sollen günstiger einkaufen können, wenn Sie Mitglied in einer der virtuellen Shopping-Meilen sind. Mal brauchen Sie dafür nur eine einfache Anmeldung, andere Seiten lassen Sie nur rein, wenn Sie jemanden kennen, der Ihnen als Pate oder Türöffner den Weg ebnet.

Sind Sie einmal drin, locken auf den ersten Blick satte Ersparnisse. Buyvip bietet beispielsweise exklusive Herrenuhren von Cerrutti 1881 an. Das Modell »Commandante Edelstahl« kostet nur 159 statt regulär 329 Euro. Und tatsächlich: Die gängigen Preissuchmaschinen bestätigen den Preis: Unter 325 Euro ist die Uhr nirgendwo zu bekommen, also ein echtes Schnäppchen. Auch andere Stichproben bestätigen das Ergebnis: Günstiger sind die Mitglieder-Verkäufe tatsächlich. Der Haken: Sie müssen kaufen, was eben gerade angeboten wird für die Mitglieder. Wenn Sie gezielt auf der Suche nach der Ware A sind, kann es sein, dass Sie diese nicht finden und stattdessen Ware B nehmen müssen oder mit leeren Händen von der virtuellen Einkaufstour zurückkommen. Hier finden Sie verschiedene Anbieter von Clubverkäufen:

- *www.brands4friends.de*
- *www.buyvip.com*

- *www.vente-privee.com*
- *http://de.privateoutlet.com*
- *www.limango.de*
- *www.4clever.de*
- *www.vip-trends.de*
- *www.bestsecret.com*

Satte Rabatte mit der richtigen Strategie

Egal, ob Sie gerade 50, 500 oder 5 000 Euro ausgeben wollen – heute ist kein Preis mehr unumstößlich. Hier finden Sie die besten Tipps, um den Preis immer und überall zu drücken.

Information ist alles! Am meisten werden Sie beim Feilschen erreichen, wenn Sie ein gleichwertiger Verhandlungspartner für den Verkäufer sind. Informieren Sie sich deshalb über die Stärken und Schwächen des Produkts, das Sie ins Auge gefasst haben, und bringen Sie alles in Erfahrung, was andere Kunden über das Gerät wissen – möglich machen das Verbraucherportale wie *www.ciao.de*. Nicht zu vergessen: Sie sollten die Preise der Konkurrenz kennen – denn viele Verkäufer steigen auf solche Preise freiwillig ein.

Ohne Ziele geht es nicht Welchen Preis wollen Sie zahlen? Beantworten Sie sich die wichtigste Frage für sich selbst *vor* dem Einkauf. Denn wenn Sie nicht wissen, was Ihnen die Anschaffung wert ist, werden Sie mit Ihrem Verhandlungsergebnis nicht zufrieden sein – es wird bei Ihnen immer das Gefühl bleiben, »da geht preislich noch was«. Legen Sie für sich fest, was die Sache Ihnen wert ist – und das ist Ihr Wunschpreis!

Offene Fragen stellen Was meinen Sie, was ein Verkäufer Ihnen antwortet, wenn Sie fragen, ob er Ihnen 10 Prozent Rabatt gibt? Wahrscheinlich »Nein!«, und dann kann das Gespräch schneller zu Ende sein, als Ihnen lieb ist. Stellen Sie lieber offene Fragen à la: »Welchen Preis können Sie mir machen?« So bleiben Sie im Gespräch und nähern sich Schritt für Schritt an.

Freundlich gewinnt Wenn Kunden laut blökend Prozente einfordern, werden sie meist keinen Erfolg haben – auch wenn viele Kunden gerne behaupten, den Verkäufer unter Druck gesetzt und so Prozente abgepresst zu haben. Nähern Sie sich dem Verkäufer deshalb erst einmal mit ein paar Komplimenten darüber, wie gut er Ihre Wünsche erkannt hat, und kommen Sie dann zum Preis – wenn Sie den Verkäufer so für sich gewonnen haben, besteht im zweiten Schritt die Möglichkeit, auf eine angenehme Verhandlungsebene zu kommen.

Verhandeln Sie mit dem Chef Nur selten dürfen Angestellte mit Ihnen Rabatte aushandeln. Sprechen und verhandeln Sie deshalb immer mit dem Chef oder mit einem Mitarbeiter, der Entscheidungskompetenz hat. Ist er nicht da oder nicht zu sprechen, kommen Sie an einem anderen Tag wieder.

Nicht heiß einkaufen Sie sind schon seit Wochen auf der Suche nach Ihrem neuen iPod und haben beschlossen: Heute ist es soweit! Wenn Sie mit einer solchen Erwartungshaltung einkaufen gehen, werden Sie keinen Nachlass aushandeln – denn auch der Verkäufer wird merken, wie wichtig Ihnen die Anschaffung ist. Gehen Sie deshalb nur zum Feilschen, wenn Sie auf die Anschaffung notfalls auch noch ein bisschen warten können.

Bleiben Sie realistisch! Ein Auto mit 30 Prozent Rabatt, die Küche zum halben Preis – das alles mag es geben. Erfahrungsgemäß aber bewegen sich Rabatte zwischen 3 und 20 Prozent. Verschaffen Sie sich mithilfe von Internetportalen (zum Beispiel *www.guenstiger.de*) einen Überblick über den realistischen Marktpreis – und mit diesem Marktpreis gehen Sie in die Verhandlungen.

Rabatt – einfach mal anders Einen Nachlass auszuhandeln muss ja nicht immer heißen, dass die Anschaffung selbst um 5, 10 oder 15 Prozent im Preis reduziert wird.

Vielleicht besteht auch die Möglichkeit einer Draufgabe (beispielweise ein Paar Socken zur neuen Hose) oder einer zusätzlichen Dienstleistung, wie zum Beispiel einem kostenlosen Transport oder Aufbau.

Pssstt ... ! Eines noch zum Schluss: Zu verhandeln ist immer auch eine Frage der Diskretion. Wenn Ihre Preisvorstellungen auch noch zwei Geschäfte weiter zu hören sind, wird jeder Verkäufer Ihr Ansinnen erst einmal ablehnen – was soll er auch machen, wenn drei andere Kunden zuhören? Niemand möchte vor Zuhörern zugeben, dass er mit sich handeln lässt. Also: Feilschen ja, aber immer diskret im Hintergrund!

Krisentipp: Feilschen für Einsteiger

Immer zum besten Preis kaufen und den Preis nach eigenen Vorstellungen noch weiter drücken – wer wünscht sich das nicht? Die Plattform *www.gimahhot.de* verspricht genau das, denn hier sollen Sie feilschen und dem Händler selbst einen Preis vorschlagen. Klar ist: Unrealistische Angebote haben keine Chance, und bevor gekauft wird, empfiehlt sich ein Preisvergleich. Als ich die Seite besucht habe, waren bei diversen Artikeln kaum Preisunterschiede zu den normalen Händlern zu sehen – allenfalls die bereits inbegriffenen Versandkosten wären ein Vorteil gewesen. Nutzen Sie das Portal, um die

Preisspanne auszutesten. Vor dem Kauf gilt aber: Sie sollten unbedingt über die einschlägigen Seiten wie *www.preissuchmaschine.de* den Marktpreis ermitteln.

Wie eBay wirklich eine Fundgrube für gute Angebote wird

Wenn Anschaffungen anstehen, kann eBay eine gute Adresse sein, um Qualität zu vernünftigen Preisen zu bekommen. Das gilt aber nur, wenn Sie die fiesesten Tricks kennen und damit die Fallen umgehen können.

Fallen Sie nicht auf den Fototrick herein Vor allem bei gebrauchten Artikeln sollten Sie sich als Käufer das Bild genau angucken: Wird dort tatsächlich das abgebildet, was Sie kaufen? Oder ist es nur ein Foto der Neuware von der Website des Herstellers? Dann heißt es: Finger weg! Sie sollten die Ware immer im Original sehen können, um Gebrauchsspuren, Fehler oder Ähnliches begutachten zu können. Wenn Sie auf Nummer sicher gehen wollen: Fordern Sie doch einfach weitere Bilder vom Verkäufer an!

Lesen Sie immer bis zum Ende Ein beliebter Trick, um Sie als Käufer zu narren: Der angebotene Artikel wird in endlosen Texten beschrieben und ganz am Ende (wenn Sie schon unaufmerksam geworden sind) stehen dann Haken wie »nicht funktionstüchtig« oder »mit leichten Schönheitsfehlern«. Ebenfalls beliebt: Am Ende des Textes werden gravierende Einschränkungen gemacht. So kommt es immer wieder vor, dass Witzbolde nur Verpackungen verkaufen statt der Fernseher, Kameras oder Laptops, die sich eigentlich darin befinden sollten. Lesen Sie die Beschreibung deshalb immer bis zum Ende oder meiden Sie Angebote, die Sie mit langen Texten überrumpeln wollen.

Auf den Zeitpunkt kommt es an Um als Käufer ein Schnäppchen zu machen, kommt es auch auf den Zeitpunkt des Auktionsendes an. Denn die meisten Gebote werden kurz vor Auktionsende abgegeben – gerade abends überbieten sich die vielen User vor dem PC deswegen gegenseitig, der Preis steigt, von Schnäppchen keine Spur. Besser: Suchen Sie nach Auktionen, die am Sonntagmorgen enden. Viel Konkurrenz wird es dann nicht geben. Wichtig ist es auch, bedeutende Ereignisse zu beachten. Während wichtiger Sportevents sitzt kaum jemand vor dem PC, der mitsteigern könnte – Ihr Glück, wenn Sie alleine auf weiter Flur bieten.

Vorsicht, Preisfalle! Als Käufer 20, 30, 50 Prozent weniger zahlen als im Geschäft – mit solchen Aussagen werben viele Verkäufer bei eBay. Allerdings sind die Preisvergleiche häufig schlichtweg erfunden – bevor Sie für einen Artikel bieten, verschaffen Sie sich im Internet unter *www.guenstiger.de* einen Überblick über die aktuellen Marktpreise. Dann wissen Sie auch, ob Sie wirklich auf ein Schnäppchen bieten.

Fehler nutzen Wenn Sie bei eBay auf der Suche nach einem Computer sind, sollten Sie vielleicht mal »Compter« eingeben, denn Artikel mit einem Schreibfehler werden oft nicht gefunden und sind entsprechend günstiger. Besonders einfach geht das übrigens mithilfe der Seite *www.tippiger.de*. Dort geben Sie ein, was Sie wirklich suchen (»Computer«) und die Seite hilft bei der Suche nach allen Verschreibern wie Compter oder Conputer.

Gauner enttarnen Viele professionelle Händler tarnen sich bei eBay als Privatverkäufer, um auf diesem Weg ihre Gewährleistung ausschließen zu können – denn bei Privatverkäufern haben Sie bei Fehlern keinen Anspruch auf Nachbesserung oder Ersatz, wenn die Gewährleistung ausgeschlossen wird. Sie sollten deshalb unbedingt darauf achten, dass fabrikneue Ware auch mit Garantie ausgeliefert wird.

Krisentipp: Heiße Ware ersteigern
Der Zoll versteigert im Internet vor allem beschlagnahmte Gegenstände, vom CD-Player bis zum Auto. Mehr Informationen gibt es online unter *www.zoll-*

auktion.de. Normalerweise müssen die ersteigerten Gegenstände persönlich in den jeweiligen Dienststellen abgeholt werden, nach Rücksprache können Sie sich ersteigerte Sachen aber auch zuschicken lassen.

Schnäppchen vom Discounter?

Geiz ist geil! Und deswegen rennen heute die Menschen scharenweise zum Discounter, um dort Schnäppchen zu machen und gerade jetzt in der Wirtschaftskrise zu sparen. Angefangen hat alles mit den Aldi-Computern, heute gibt es beim Discounter jede Woche neue Angebote für alle Lebensbereiche. Aber sparen Sie dort wirklich Geld? Vor jeder Anschaffung sollten Sie sich die folgenden Fragen einmal beantworten – und alleine dadurch viel mehr Geld sparen, als je eine Anschaffung beim Discounter an Ersparnis bringen kann.

Brauche ich das? Schon der meist vom Discounter verwendete Begriff »Aktionsware« zeigt eigentlich den wahren Charakter der vermeintlichen Angebote: Der Discounter initiiert eine Aktion, und Sie sollen kaufen, wann es ihm passt. Eigentlich sollte die Aktion beim Einkaufen aber von Ihnen ausgehen, denn Sie sind der Kunde und Konsument. Aber denken Sie daran: Ihre

Bedürfnisse sollten nicht von Aldi, Media Markt und Co. bestimmt werden. Überlegen Sie sich zum Beispiel am Jahresanfang, welche Anschaffungen für die nächsten zwölf Monate anstehen. Planen Sie, wann Sie was kaufen wollen und müssen. Wenn Sie dabei günstige Anbieter miteinbeziehen wollen, nutzen Sie den Planer unter *www.supermarktangebote.de*. In ihm finden Sie die Discounterschnäppchen des ganzen Jahres. Drehen Sie den Spieß um, werden Sie zum Schnäppchenkäufer und greifen Sie zielgerichtet bei guter Qualität und fairem Preis zu. Und denken Sie daran: Das beste Schnäppchen machen Sie immer noch, wenn Sie Unnötiges gar nicht erst kaufen!

Was ist morgen? Eine Anschaffung ist mehr, als heute den Preis X für die Ware Y zu bezahlen. Eines der entscheidensten Kriterien beim Kauf ist die Haltbarkeit: Was nützt Ihnen der schönste Billigfernseher, wenn er nur ein Jahr hält? Achten Sie deshalb bei der Anschaffung auch auf Kundendienst, Garantiebedingungen und Servicefreundlichkeit. Greifen Sie ruhig einmal auf kleinere Händler vor Ort zurück. Die bieten oft einen wirklich beachtlichen Vor-Ort-Service, während Sie bei Online-Käufen oder im Discounthandel meist auf sich selbst gestellt sind oder guten Service teuer bezahlen müssen. Holen Sie zumindest ein Vergleichsangebot ein und lassen Sie sich die Servicevorteile erklären, bevor Sie beim Discounter kaufen.

Ist das wirklich günstig? Ein neues Sportgerät für 249 Euro, das Designer-Sofa für 1 299 Euro, Ein LCD-Fernseher für 399 Euro: Wenn wir solche Angebote sehen, denken wir oft: »Ist das billig!« Tatsache ist: Bei vielen Anschaffungen haben wir überhaupt keine Vorstellung davon, was teuer und billig ist, weil wir keinen Überblick über die Preise im jeweiligen Markt haben. Und damit sind Sie eine leichte Beute für die Discounter, aus deren Prospekten uns die vermeintlichen Schnäppchen anlachen: Denn wir haben keine Ahnung, ob das Schnäppchen auch wirklich eines ist, und schlagen trotzdem oft zu. Bevor Sie beim Discounter kaufen, ist ein Preisvergleich Pflicht. In Tests kommt immer wieder heraus, dass ein lautstark beworbener Artikel über das Internet um einiges günstiger zu bekommen war. Vergleichen Sie Preise deshalb immer mithilfe von Internetseiten wie *www.guenstiger.de*, *www.preisvergleich.de* oder *www.evendi.de*.

Beratung lohnt sich immer »Geizige« Discounter haben einen weiteren großen Nachteil: Individuelle Angebote werden Sie dort nicht bekommen. Entweder kaufen Sie den Aldi-PC so, wie er angeboten wird, oder Sie lassen es. Das Problem: Die Geräte bieten oft viel Schnickschnack, den Sie vielleicht gar nicht brauchen, aber natürlich mitbezahlen. Eine Beratung im Fachhandel zeigt Ihnen, was Sie wirklich brauchen und kaufen müssen – und oft lässt sich so gegenüber dem »Geizist-geil«-Schnäppchen sogar noch Geld sparen! Ein Versuch ist es bei der nächsten Anschaffung auf jeden Fall wert, oder?

Krisentipp: Resteverkauf à la Internet

Man kennt das noch aus der Anfangszeit des Schnäppchenverkaufs bei Aldi und Co., als vor allem Billigcomputer für lange Schlangen vor den Discountern sorgten. Dieses Prinzip haben Anbieter wie *www.guut.de, www.preisbock.de* oder auch *www.schutzgeld.de* als »Live-Shopping« ins Internet verlagert. Aktionsware wird dort immer für einen begrenzten Zeitraum angeboten – ist sie ausverkauft, hat man Pech gehabt. Als ich mich auf den Seiten umgesehen habe, war dort mit einem MP3-Player, einer Relay-Liege und einer Kühltasche nichts, was man nun so unbedingt haben will. Die Seiten machen definitiv nur Sinn, wenn die Aktionsware genau »passt«, Sie also dort das bekommen, was Sie sowieso suchen. Damit dieser Fall jemals eintritt, müssten Sie sich für die diversen Newsletter anmelden, die Sie dann mit täglicher Werbung zumüllen würden. Aber wer will das schon? Sinnvoller ist da der Gang auf *www.myliveshopping.de:* Dort finden Sie alle Live-Shopping-Angebote gebündelt!

Leihen statt kaufen

Nicht jede Anschaffung ist wirklich notwendig. Wenn Sie einmal im Jahr die Hecke schneiden müssen, brauchen Sie kein Profiwerkzeug für Hunderte Euro. Und leihen lassen sich nicht nur Werkzeuge – sondern so ziemlich alles, was Sie sonst teuer zu stehen kommt:

- **Werkzeug:** Auf Internetseiten wie *www.mietprofi.de* oder *www.erento.com* ist vom Akkuschrauber bis zur Zentrifugalpumpe alles im Angebot. Wenn Sie etwas Größeres vorhaben, hilft *www.beyer-baumaschinen.de*: Hier können Sie sogar Kräne mieten.
- **Elektronik:** Elektronik-Spezialist *www.c-rent.de* hat wahrscheinlich alles, was Sie jemals brauchen können. Laptops können Sie bei *www.mietnotebook.de* bekommen. Und der Anbieter *www.computermiete.de* hat ebenfalls alles, was Sie sich an Büroelektronik vorstellen können.
- **Feiern:** Egal ob Festzelte, Biergarnituren oder Karaokeanlagen: Anbieter wie *www.party-verleih.de* und *www.karaoke-verleih.com* haben alles, was Sie brauchen. Witzig für Kinderfeste ist der Anbieter *www.hipphopp-kinderwelt.de.*
- **Wintersport:** Mit der eigenen Ausrüstung in den Winterurlaub zu fahren ist meist unsinnig. Denn wenn Sie mit dem Auto anreisen, erhöht das zusätzliche Gepäck die Spritkosten rapide – bei der Bahn und bei vielen Billigfliegern werden zusätzliche Gebühren

fällig. Anbieter wie *www.skiset.de* oder *www.sno-well.com* verleihen die Ausrüstung vor Ort. Service wie Kantenschleifen und Bindung einstellen inklusive.

- **Fahrradurlauber:** Mit dem Rad auf Citytour? Dann sparen Sie sich die Mitnahme des eigenen Rades. Die Bahn bietet unter *www.callabike.de* Fahrräder in vielen deutschen Großstädten zu einem 24-Stunden-Preis von neun Euro. Auch *nextbike.de* verleiht in vielen Städten Räder schon ab einem Euro die Stunde.

Die Tricks der Möbelhändler

Der Kauf neuer Möbel ist oft eine riesige Investition. Ein Sofa, eine Regalwand oder gar eine Küche – schnell haben Sie einige Tausend Euro ausgegeben. Dabei geht es oft billiger – wenn Sie die Tricks der Möbelhändler durchschauen und sich dagegen wehren. Wie das geht, lesen Sie hier.

»Rabatt, Rabatt, das lass dir sagen ... wird immer vorher draufgeschlagen.« Dieses alte Sprichwort trifft auch beim Möbelkauf zu. Riesig beworbene Aktionen mit Nachlässen von 30, 40 oder 50 Prozent wären für die Händler ruinös – denn die Gewinnspanne bei Möbeln liegt oft unter 5 Prozent. Und so werden vor solchen Aktionen die Preise gerne mal angehoben.

Beobachten Sie die Preise Wenn eine Anschaffung ansteht, beobachten Sie über einen Zeitraum von einigen Wochen den Preis – notfalls auch mithilfe von Internetsuchmaschinen. Wenn Sie wissen, was das Möbelstück im regulären Handel kostet, können Sie bei Preisaktionen leicht feststellen, wie hoch der Rabatt bezogen auf den regulären Preis wirklich ist.

Sofa ohne Namen Besonders gerne bieten Möbelhändler (und vor allem sogenannte Discounter) No-Name-Produkte an. Der Grund: Sie haben kaum eine Chance, den Preis für das namenlose Sofa bei anderen Händlern oder im Internet zu vergleichen. Und selbst bei günstigeren Markenprodukten finden sich auf den Preisschildern in der Regel keine Angaben zum Hersteller oder zur genauen Modellbezeichnung.

Auch No-Name-Produkte haben einen Namen Bringen Sie diesen beim Händler in Erfahrung und vergleichen Sie unbedingt die Preise, bevor Sie etwas kaufen. Wenn der Händler beharrlich schweigt und keine Auskunft geben will, ist etwas faul – suchen Sie sich in einem solchen Fall ein anderes Geschäft.

Brauchen Sie das wirklich? Die Gewinnspannen im Möbelhandel sind erbärmlich – aber mit Accessoires und allerlei Unnützem für die eigenen vier Wände lässt sich gutes Geld verdienen. Kein Wunder also, dass Gartenlampen, Servietten, Kerzen, Vasen und noch viel mehr Schickschnack genau vor den Kassen der großen Möbelhäuser aufgebaut sind. Der Verkauf dieser »Erwachsenen-Quengelware« macht oft mehr als 50 Prozent des Umsatzes aus und garantiert einen satten Gewinn – die Frage ist nur: Brauchen Sie all das, was dort in der Regel noch im Einkaufswagen landet? Der gute alte Einkaufszettel hilft auch im Möbelhaus. Schreiben Sie sich vorher auf, was Sie wirklich brauchen, und lassen Sie sich nicht zu teuren Spontankäufen hinreißen.

Die Automasche Was beim Autoverkauf funktioniert, klappt natürlich auch beim Möbelverkauf: Die Händler bieten günstige Kredite und Finanzierungen mit kleinen Raten an, damit die Möbel optisch günstiger werden. Tatsache ist: Diese Billigkredite verstellen den Blick auf die eigentlichen Kosten für die Möbel und deren Preis. Denn wenn der Händler schon 0-Prozent-Kredite vergibt, fragt kaum noch jemand nach einem fairen Rabatt. Wie bei jedem Kredit gilt auch bei Darlehen im Möbelhaus die Devise: Erst rechnen, dann kaufen. Wenn Sie sich mit einem Nullzinskredit für ein Jahr einen 10-Prozent-Rabatt abschneiden, machen Sie ein schlechtes Geschäft, denn kein Kredit kostet 10 Prozent. Und außerdem gilt: Möbel auf Pump sollten eigentlich wie andere entbehrliche Konsumkredite tabu sein.

Alles individuell Nicht wenige Möbelhäuser schreiben sich eine individuelle Beratung auf die Fahnen. Aus gutem Grund, wobei Kundenfreundlichkeit nicht das Argument ist, sondern etwas ganz anderes dahintersteckt: Wenn Möbel individuell für Sie zusammengestellt werden, ist ein Preisvergleich kaum noch möglich, weil Sie sich in einem anderen Geschäft etwas Vergleichbares zusammenstellen lassen müssten. Dazu kommt, dass oft auch Serviceleistungen wie Lieferung und Montage eingepreist sind, ohne dass klar wird, was sie wirklich kosten.

Vergleichen – immer! Auch wenn es mühsam ist, machen Sie sich bei Anschaffungen von mehr als 1 000 Euro immer auf, ein Vergleichsangebot einzuholen. Die Sparmöglichkeiten sind immens und liegen oft bei 30 bis 50 Prozent: Nehmen Sie das erste Angebot als Referenz und lassen Sie sich exakte Vergleichsangebote machen. Glauben Sie mir: Es lohnt sich!

Die eigenen vier Wände: Haushalten ohne Einschränkungen

Gemütlichkeit, Sicherheit, Wohlgefühl: Die eigenen vier Wände sind für uns immens wichtig – und das gilt für Eigentümer wie auch für Mieter. Aber Wohnen wird immer teurer. Die Kosten für Strom, Gas und Öl haben in den letzten Jahren immer wieder neue Höchststände erreicht. Und auch andere Nebenkosten wie Wasser, Müll oder Straßenreinigung werden nicht billiger. Dazu kommt, dass die Haushaltsführung selbst ebenfalls immer teurer wird, denn nicht nur die Preise für Waschmittel und Reiniger steigen, wie Sie bei jedem Einkauf feststellen, sondern auch Instandsetzungen, Renovierungen oder kleine Schönheitsreparaturen gehen mehr ins Geld als früher. Ich zeige Ihnen hier, wie Sie jetzt in der Krise (und natürlich auch danach) rund um die eigenen vier Wände richtig gut Geld sparen können.

Krisentipp: Sichern Sie sich einen Mietzuschuss

Wenn die Miete das Haushaltsbudget zu stark belastet, können Sie Wohngeld beantragen. Je nach Familienstand, Einkommen und Wohnungsmiete sind Zuschüsse von einigen Hundert Euro möglich – die gibt es übrigens auch für Besitzer von Immobilien.

Mein Tipp: Unter *www.wohngeld.de* können Sie sich informieren, ob und wie viel Wohngeld Sie bekommen. Nutzen Sie die Möglichkeit dieses Mietzuschusses, wenn er Ihnen zusteht!

Den optimalen Stromanbieter finden

Jetzt reicht's! Haben Sie sich das auch gedacht, als eine der letzten Stromkostenerhöhungen von Ihrem Versorger bei Ihnen im Briefkasten lag? Auch wenn der Strommarkt noch lange keinen echten Wettbewerb bietet, wie es ihn zum Beispiel auf dem Telefonmarkt schon lange gibt, kann ein Wechsel sich jetzt lohnen! Denn Ersparnisse von bis zu 200 Euro sind in vielen Haushalten möglich – und das sind immerhin 15 bis 20 Prozent des derzeitigen Durchschnittsverbrauchs. Erfahren Sie im Folgenden, wie auch Sie richtig sparen können.

Günstigeren Anbieter finden Internetportale wie *www.verifox.de* helfen dabei, den Strompreis zu vergleichen. Einfach den Verbrauch der letzten zwölf Monate aus der Rechnung des bisherigen Versorgers ablesen und eingeben, die Postleitzahl angeben und schon sehen Sie, wie viel Sie bei den günstigsten Anbietern zahlen würden.

Richtig vergleichen Denken Sie daran, dass nicht nur der Preis pro Kilowattstunde entscheidend ist – auch die jährlichen Grundgebühren müssen berücksichtigt werden. Vorsicht bei den oft sehr günstigen Angeboten mit Vorkasse: Bei denen zahlen Sie Ihren Strom auf einen Schlag im Voraus und erhalten dafür satte Rabatte. Geht der Anbieter jedoch pleite, ist das Geld in aller Regel verloren. Vergleichen Sie Preise und Tarife immer noch einmal direkt auf der Website des Anbieters: Viele Versorger bieten Wechselprämien an, die aber nur einmal im ersten Jahr gezahlt werden – danach wird der Strom oft um einiges teurer.

Wechseln Sie melden sich einfach beim neuen Stromversorger an, die Kündigung beim alten übernimmt der neue Dienstleister für Sie. Ansonsten ändert sich für Sie nichts, Sie bekommen keinen neuen Zähler, sondern einfach nur eine neue Rechnung.

Ökostrom wählen Schauen Sie auch nach Anbietern, die »grünen Strom« anbieten. Das sind Lieferanten, die ihren Strom zu einem Teil aus nachhaltigen Quellen beziehen. Bei der Suche nach wirklich ökologischen Anbietern helfen Siegel wie das *ok-power*-Zertifikat vom

Öko-Institut oder das *Grüner Strom Label* vom gleichnamigen Verein.

Den Stromverbrauch senken

Noch mehr Geld am Stromzähler lässt sich sparen, wenn Sie nicht nur den Stromanbieter wechseln, sondern auch den Stromverbrauch reduzieren. Es gibt viele kleinere und größere Tipps, um die Stromrechnung noch einmal zu senken.

Verbrauche ich zu viel Strom?

Haushalt mit …	Sparsam	Normal	Sparsam mit WW*	Normal mit WW*
1 Person	Bis 1000 kWh	Bis 1600 kWh	Bis 1700 kWh	Bis 2500 kWh
2 Personen	Bis 1800 kWh	Bis 2500 kWh	Bis 2800 kWh	Bis 3800 kWh
3 Personen	Bis 2400 kWh	Bis 3200 kWh	Bis 3700 kWh	Bis 4900 kWh
4 Personen	Bis 2800 kWh	Bis 3700 kWh	Bis 4400 kWh	Bis 5800 kWh

*Warmwasseraufbereitung über Strom

Der Klassiker: Alte Glühlampen austauschen

Haben Sie sich schon mal an einer Glühbirne die Finger verbrannt? Wenn ja, dann haben Sie am eigenen Leib erfahren, wie unsinnig normale Glühbirnen sind. Denn Sie geben nur wenig Licht, dafür aber viel Wärme und taugen damit eher zur viel zu teuren Heizung. Dabei gibt es einen wesentlich effizienteren Bruder: die Energiesparlampe. Sie verbraucht bei gleicher Helligkeit nur ein Fünftel des Stroms einer Glühbirne. Dabei hält sich hartnäckig das Gerücht, Energiesparlampen wären viel teurer als herkömmliche Glühbirnen – das allerdings ist Unsinn: 10 000 Stunden hält eine Energiesparlampe durchschnittlich und kostet dabei mit Stromverbrauch und Anschaffung rund 35 Euro. Die normale Glühbirne hält nur rund 1 000 Stunden – muss also für 10 000 Stunden Licht neunmal getauscht werden – und kostet mit Anschaffung und Stromverbrauch rund 98 Euro. So wird die Energiesparlampe zur Geldsparlampe, denn sie ist 63 Euro billiger – bei gleicher Leistung. Rechnen Sie das mal hoch für alle Lampen in Ihrem Zuhause!

Kühlen

Nicht zu kalt und nicht zu warm Die optimale Temperatur im Kühlschrank liegt bei 7 Grad Celsius, im Gefrierfach sollte es minus 18 Grad Celsius kalt sein. Um die Temperatur zu halten, sollten Türen und Fächer möglichst wenig geöffnet werden.

Ausschalten und Abtauen Bei längerer Abwesenheit (zum Beispiel im Urlaub) sollten Sie den Kühlschrank ausschalten und gleichzeitig zusammen mit dem Gefrierfach abtauen, damit unnötiges Eis entfernt wird, das die Kühlleistung beeinträchtigt und den Energieverbrauch steigen lässt. Ein Gefrierschrank voller Eis verbraucht je nach Eisschicht 15 bis 45 Prozent mehr Strom – bei einem Verbrauch von 250 Kilowattstunden im Jahr sind das immerhin bis zu 112 Kilowattstunden jährlich, die unnötig verbraucht werden.

Den richtigen Platz wählen Kühlgeräte gehören in einen möglichst kalten Raum und nicht neben Herd, Heizung oder in die Sonne. Das richtige Aufstellen von Kühl- und Gefriergeräten in kühler Umgebung spart bares Geld: 1 Grad Celsius weniger Raumtemperatur spart 3 bis 6 Prozent Energie!

Türdichtungen kontrollieren Die Türdichtungen der Geräte sollten regelmäßig überprüft werden, damit die Türen richtig schließen. Um Rissen oder Verformungen vorzubeugen empfiehlt es sich, die Dichtungen regelmäßig zu pflegen (zum Beispiel mit etwas Glycerin). Das erspart Ihnen eine eventuelle Reparatur. Auch die Lüftungsschlitze sollten Sie im Auge behalten, damit sie nicht einstauben und den Energieverbrauch ansteigen lassen.

Spülen, Waschen, Trocknen

Von Hand spülen – lieber nicht! Wenn Sie Ihr Geschirr von Hand spülen, verbrauchen Sie auf jeden Fall mehr Wasser. Bei zwei bis drei Personen im Haushalt muss in der Regel zweimal täglich mit rund 30 Litern Wasser gewaschen und gespült werden – eine moderne Spülmaschine braucht gerade mal 10 Liter. Ersparnis pro Jahr: Über 18 000 Liter! Der Stromverbrauch beim Spülen von Hand ist doppelt so hoch wie bei der Spülmaschine – das sind jährlich mehr als 350 Kilowattstunden zusätzlich. Damit gewinnt die Spülmaschine nicht nur ökologisch, sondern auch wirtschaftlich. Denn der höhere Strom- und Wasserverbrauch bei der Handwäsche schlägt mit bis zu 140 Euro Mehrkosten zu Buche – Ihre Abwasch-Arbeitszeit gar nicht mal eingerechnet!

Auf hohe Waschtemperaturen verzichten Moderne Wäsche braucht keine hohen Temperaturen. Kochwaschgang und 60 Grad Celsius sind bei 95 Prozent aller Wäschestücke unnötig. Leicht verschmutzte sowie farbige und synthetische Textilien werden auch bei 30 oder 40 Grad Celsius sauber und porentief rein. Wenn Sie von 60 auf 30 Grad Celsius herunterschalten, sparen Sie mehr als 60 Prozent Energie. Entsprechend gilt das auch für Geschirr: Lieber vor dem Spülen mit wenig Wasser einweichen!

Nur voll beladen nutzen Am effizientesten arbeiten Wasch- und Geschirrspülmaschinen, die voll beladen sind. Es gibt zwar Programme für halbvolle Maschinen, doch die brauchen eben mehr als nur 50 Prozent der Energie eines vollen Waschganges.

Wäschetrockner: Ja, aber ... Natürlich ist den Sommer hindurch das Trocknen an der frischen Luft immer die bessere Alternative, weil es energieneutral ist. An kälteren Tagen aber sind vor allem neue und mit Gas betriebene Trockner die bessere Alternative zum Trocknen im Wohnzimmer oder im geheizten Kellerraum. Denn beim Trocknen in der warmen Raumluft kühlt sich diese zum einen ab, weil sie die Feuchtigkeit aufnimmt, und zum anderen muss anschließend die warme Luft gegen kalte von außen getauscht werden, weil die Feuchtigkeit aus dem Raum soll. Dabei geht je nach Größe des Raums und Feuchtigkeitsgehalt der Wäsche viel Energie verloren. Sinnvoller ist es, einen Wäschetrockner zu benutzen, die Wäsche jedoch vorzuschleudern und den Trockner voll auszulasten.

Kochen

Beim Kochen hilft ein bisschen Augenmaß, um viel Energie zu sparen. So sollten Topf und Herdplatte von der Größe her zusammenpassen: Ein riesiger Topf auf einer kleinen Platte verbraucht unnötig viel Strom – ein kleiner Topf auf einer Riesenplatte dagegen verschwendet Energie nutzlos. Wichtig auch: Kochen Sie mit Deckel. Nicht richtig aufliegende Deckel (oder Kochen ganz ohne Deckel) lässt unnötig Wärme entweichen. Dadurch wird beim Kochen mehr als doppelt so viel Strom verbraucht wie nötig. Was Sie fast immer machen können: Schalten Sie den Herd kurz vor Ende der Garzeit aus. Für Nudeln, Reis oder Gemüse ist die noch vorhandene Restwärme vollkommen ausreichend.

Ein wahres Energie- (und Zeit-) Wunder ist der Schnellkochtopf. Er lohnt sich für alle Lebensmittel, die mehr als 20 Minuten brauchen, bis sie gar sind. Neben einer 30-prozentigen Stromersparnis lockt er auch mit bis zu 50 Prozent Zeitersparnis.

Ebenfalls ein Energiesparwunder ist der Induktionsherd: Bei dieser Art von Herden erzeugen elektromagnetische Wellen die Wärme direkt im Topfboden. Damit lässt sich die Kochwärme sehr viel effizienter nutzen und Sie vergeuden keine Energie, weil Sie keine Restwärme verlieren können. Weiterer Vorteil: Da das Kochfeld nicht erhitzt wird, können Sie sich kaum die Finger verbrennen und auch durch Überkochen keine Riesensauereien mehr anrichten!

Krisentipp: Schalten Sie mal ab!

Es ist das leidigste Energie-Thema in den meisten Haushalten: Die sogenannten Stand-By-Geräte, die auch Strom fressen, wenn Sie sie gar nicht benutzen. Vor allem Fernseher, Videogeräte, DVD-Player, Satellitenempfänger, aber auch Warmwassergeräte und viele Lampen brauchen Strom, obwohl Sie sie nicht in Gebrauch haben. Wussten Sie, dass immerhin 4 Prozent des gesamten Stromverbrauchs in Deutschland auf Stand-By-Geräte zurückzuführen sind und damit rechnerisch zwei Großkraftwerke nur dafür benötigt werden? Das entspricht einem Verbrauch von 20 Millionen Kilowattstunden, einem Schadstoffausstoß von 10 Millionen Tonnen CO_2 und Gesamtkosten von 3 Milliarden Euro. Dabei können Sie den Energiefressern ganz schnell ein Schnippchen schlagen: Schließen Sie Stand-by-Geräte einfach an eine Steckdosenleiste mit einem Kippschalter an – die kostet einmalig 5 Euro und spart im Jahr bis zu 150 Euro!

Sofort Heizkosten sparen

Die Nebenkosten für das Heizen sind in den letzten Jahren förmlich explodiert. Seit 2004 ist je nach Region, Art der Heizung und Immobilienzustand ein Preisanstieg von über 50 Prozent zu verzeichnen gewesen. Dabei ist es relativ leicht, mit ein paar Maßnahmen den Energieverbrauch deutlich um bis zu 40 Prozent zu senken. In einem Vier-Personen-Haushalt kann das jährlich eine Ersparnis von 350 und mehr Euro ausmachen. Hier finden Sie Tipps, wie Sie jetzt Heizkosten und bares Geld sparen können.

Zugige Stellen abdichten Um Wärmebrücken (zum Beispiel in Rollladenkästen, Deckenanschlüssen oder an Balkonen) oder Zugstellen aufzuspüren, gibt es einen einfachen Weg, wenn Sie eine leistungsfähige Dunstabzugshaube mit einer Abluft nach außen besitzen: Stellen Sie sie auf die höchste Stufe und schließen Sie alle Fenster und Türen. Durch die herausströmende Luft entsteht im Haus ein Vakuum und es strömt Luft von außen nach – vor allem im Winter werden Sie Leckagen durch die kalte Zugluft schnell orten können.

Wenn es an den Fenstern zieht, helfen in aller Regel Schaumstoffdichtungsbänder. Diese sind für kleine und mittlere Spalten (3 bis 5 Millimeter) im Baumarkt erhältlich. Je nach Beanspruchung halten sie etwa ein bis zwei Jahre bis sie wieder erneuert werden müssen. Auch Profildichtungen helfen und sind bis 6 Millimeter Breite erhältlich. Zieht es unter der Tür durch, helfen Bürstendichtungen, die sich auch Unebenheiten anpassen. Schrauben oder kleben Sie die Schiene mit den Bürsten einfach in der richtigen Höhe auf das Türblatt – dann hat der Zug keine Chance mehr.

Zusätzliche Wanddämmung anbringen Viel Energie geht über schlecht gedämmte Außenwände verloren. Wenn von außen nicht nachgedämmt werden kann (zum Beispiel wegen des Denkmalschutzes) oder soll (beispielsweise, weil der Vermieter die Kosten nicht übernehmen möchte), besteht die Möglichkeit der Innendämmung. Aber Vorsicht: Oft werden Außenwände mit Wärmebrücken mit Materialien gedämmt, die mehr oder weniger luftundurchlässig sind – dadurch besteht die Gefahr von Schimmelbildung hinter der Dämmung, wenn sich dort Feuchtigkeit ablagert, was fast zwangsläufig der Fall sein wird. Eine der sinnvollsten Lösungen ist ein sogenanntes Ständerwerk vor der Wand, eine Art Metallgerüst, das mit zusätzlichem Dämmstoff aufgefüllt wird und dann zum Raum hin mit Gipskartonplatten geschlossen wird.

Dämmarbeiten sind nicht für jeden Hobbyhandwerker die richtige Wahl. Viele überschätzen sich damit und sollten dann besser überlegen, auf einen Handwerksbetrieb auszuweichen, der entsprechendes Know-how mitbringt. Die Maßnahmen werden mit Zuschüssen und günstigen Darlehen übrigens gefördert – mehr Infos erhalten Sie unter *www.kfw.de.*

Heizkörper kontrollieren Ebenfalls ein Problemfall: Die Dämmung hinter Heizkörpern. Je dünner die Außenwand hinter dem Heizkörper ist, desto mehr Energie geht dort verloren und desto eher lohnt sich der Wärmeschutz. Baumärkte bieten dünne, flexible Dämmmaterialien, die sich auch hinter Heizkörper schieben lassen – oft mit Aluminiumkaschierung. Wer mehr Platz hat oder den Heizkörper abbauen kann, sollte Hartschaumplatten einsetzen, die möglichst dick sind.

Darüber hinaus gibt es auch Gipskartonverbundplatten mit aufgeklebter Hartschaumplatte. Achten Sie aber darauf, dass zwischen Heizkörper und Dämmschicht ausreichend Platz ist, damit die warme Luft ungehindert aufsteigen kann. Auch hier gilt: Luftdurchlässige Materialien sind immer sinnvoller, um Schimmelprobleme zu vermeiden!

Das Dach zu 100 Prozent dämmen Sehr viel Energie wird in Einfamilienhäusern über das Dach verloren. Hier hilft eine zusätzliche Dämmung, wobei es verschiedene Möglichkeiten gibt, die Isolierung zu verbessern. Zum einen können Sie zwischen den Dachsparren dämmen. Hier steht ohnehin viel Raum zur Verfügung, der sich mit Dämmstoff sinnvoll füllen lässt. Sind die Sparren zu niedrig, lassen sie sich mit Latten verstärken. Wünschenswert ist eine Dämmdicke von 160 Millimetern oder mehr. Der Wärmeschutz unter den Dachsparren eignet sich vor allem als Ergänzung zu einer bereits vorhandenen, aber unzureichenden Dämmung zwischen den Sparren. Da diese Lösung den Wohnraum etwas verkleinert, sind hier meist nur Dämmstoffstärken von zirka 50 Millimetern üblich. Wenn der Dachboden nicht bewohnt wird, lässt sich hier relativ einfach und preiswert eine Dämmschicht einbauen – entweder zwischen den Deckenbalken oder oberhalb davon.

Krisentipp: Zuschüsse nutzen!
Wenn Sie bei der Wärmedämmung Ihres Hauses nachwachsende Rohstoffe einsetzen, können Sie dafür Zuschüsse bekommen. Pro Kubikmeter Dämmstoff gibt es – je nach Material – 25 oder 35 Euro Zuschuss. Anträge müssen innerhalb von drei Monaten nach Kauf und Bezahlung bei der Fachagentur Nachwachsende Rohstoffe gestellt werden. Mehr Infos zu den Rohstoffen und den Fördermöglichkeiten finden Sie online unter *www.naturdaemmstoffe.info*.

Kellerdecke und -wände dämmen Während Kellerwände in aller Regel nachträglich schwer zu dämmen sind, lässt sich dies bei der Decke jederzeit nachträglich tun. Bringen Sie auf die Decke bis zu 10 Zentimeter zusätzliches Dämmmaterial auf, um die Wärmeverluste im Erdgeschoss zu minimieren.

Richtig Lüften Lüften mit gekipptem Fenster ist aus zwei Gründen unsinnig: Das Dauerlüften kostet sinnlos Energie, denn über Stunden wird warme Luft nach außen geleitet, Sie heizen den Hof oder Garten. Wenn Sie lüften wollen, machen Sie das Fenster einmal weit auf und stellen Sie sich an die Wand, die am weitesten vom Fenster entfernt ist. Wenn Sie dort kalte Luft ankommen spüren, ist die Luft im Raum komplett ausgetauscht und Sie können das Fester wieder schließen. Sie sparen beim Stoßlüften mehr als 50 Prozent Energie gegenüber dem Dauerlüften bei gekipptem Fenster. Der zweite Grund: Dauerlüften mit gekipptem Fenster führt dazu, dass sich die Feuchtigkeit aus dem Raum im ausgekühlten Fensterbogen niederschlägt und dort für Schimmelprobleme sorgen kann.

Krisentipp: Heizöl mit Nachbarn bestellen

Wenn Sie Ihre Heizung und die Warmwasserversorgung mit Heizöl betreiben, lohnt sich der clevere Einkauf mit mehreren Nachbarn. Denn bei der gemeinsamen Bestellung gibt es Mengenrabatt. Wenn Sie selbst ausrechnen möchten, ob sich eine Bestellung mit dem Nachbarn lohnt, besuchen Sie die Internetseiten *www.esyoil.com* oder *www.fastenergy.de.* Dort finden Sie eine Preisübersicht und können online bestellen. Bezahlt wird bei Lieferung in bar oder mit Maestro-Karte. Wenn Sie keine Nachbarn haben, mit denen eine Sammelbestellung möglich ist, aber trotzdem von einem Mengenrabatt profitieren möchten, können Sie das Angebot von *www.heizoelpool.de* nutzen. Hier werden die Bestellungen aus einem Postleitzahlenbereich gesammelt und die Sammelbesteller profitieren so von Mengenrabatten.

Putzen – günstig und mit grünem Gewissen

Die Versprechen der Haushaltsreiniger sind verlockend: Sauberkeit ohne viel Putzen, aufsprühen, abwischen, fertig. So viel Haushaltshilfe aber hat ihren Preis: Sie können für Reiniger ein kleines Vermögen ausgeben, und die Umwelt leidet mit. Denn die meisten Reiniger sind blanke Chemiekeulen.

Dabei kann Saubermachen im Haushalt günstig und eine aus Umweltgesichtspunkten unbedenkliche Sache sein, wenn Sie sich beim Hausputz auf zwei Reiniger konzentrieren: Essig und Soda. Letzteres hilft vor allem gegen Fett und fettige Ablagerungen, Essig ist vor allem sinnvoll, wenn es ums Lösen von Schmutz und Kalk geht. Eine Alternative (die besser riecht) ist Zitronensäure, die sich ebenfalls sehr gut zum Entkalken von Flächen, Kaffeemaschinen, Wasserkochern, Waschmaschinen etc. eignet. Und beim Entkalken geht es nicht nur um die Sauberkeit: Kalkfreie Heizstäbe zum Beispiel verbrauchen auch viel weniger Strom!

Wenn Sie diese Stoffe als fertige Öko-Reiniger kaufen wollen, achten Sie darauf, dass keine weiteren Stoffe wie Duft-, Farb- und Konservierungsstoffe verwendet werden.

Neben Essig und Soda hilft im Bad auch die Schale unbehandelter Zitrusfrüchte. Reiben Sie damit die Keramik im Bad ein und es sieht wie neu aus – ganz abgesehen davon, dass es auch ziemlich gut riecht. Auch

Kartoffeln können beim Saubermachen helfen, wenn zum Beispiel der Spiegel dreckig ist: Halbieren Sie eine gewöhnliche rohe Kartoffel und reiben Sie dann mit der glatten Fläche den Spiegel ein. Durch die Stärke weicht die Kartoffel alle Ablagerungen auf, anschließend können Sie mit klarem Wasser nachwischen und mit einem Handtuch polieren. Weitere kostensparende grüne Tipps zum ökologischen Großreinemachen finden Sie hier:

Kartoffelwasser hält Rohre sauber Kippen Sie beim nächsten Kochen das Kartoffelwasser noch kochend in den Abfluss – dadurch werden die Rohre ganz ohne Chemie durchgespült.

Glänzende Fenster mit schwarzem Tee Wenn Ihre Fenster nach dem Putzen noch Streifen haben, reiben Sie das Glas einfach mit kaltem schwarzen Tee ein. Die Streifen verschwinden.

Schluss mit schimmeligen Duschvorhängen Eine Lösung aus Wasser und Salz schützt vor schimmeligen Duschvorhängen. Einfach den Vorhang in eine Schüssel mit Salzwasser tauchen, ein wenig einweichen lassen und danach ausgebreitet aufhängen und trocknen lassen.

Flecken mit Mineralwasser entfernen Frische Flecken auf Teppichen, Sofabezügen oder Kleidung lassen sich mit Mineralwasser mit Kohlensäure entfernen. Einfach auf die verschmutzte Stelle gießen und einwirken lassen. Die Kohlensäure löst den Schmutz, der dann zusammen mit der Flüssigkeit mit einem saugfähigen Lappen aufgenommen werden kann.

Krisentipp: Wasserverbrauch stoppen

Nicht nur bei einer Renovierung oder einem Umbau lassen sich vorhandene Einbauten in Bad und Küche so umgestalten, dass problemlos Wasser und Energie gespart werden kann. Hier einige Beispiele, mit welchen Tricks Ihnen das auch ohne großen Aufwand gelingt:

- Bauen Sie einen Durchflussreduzierer oder Mengenregler ein. Damit senken Sie die Menge an durchlaufendem Wasser am Waschbecken oder in der Dusche erheblich. Das kleine Gerät wird einfach am Auslass eines Wasserhahns oder vor dem Duschkopf montiert. Die Kosten: Zwischen 4 und 10 Euro, die mögliche Ersparnis: bis zu 100 Liter Wasser pro Tag in einem Vier-Personen-Haushalt, das entspricht im Jahr bis zu 120 Euro Nebenkosten.
- Strahlregler für Küche und Bad verringern ebenfalls die durchlaufende Menge Wasser an einem Wasserhahn. Sie mischen dem Wasser Luft bei und sorgen so für einen vollen Wasserstrahl, der aber weniger Wasser benötigt. Die Kosten: 5 bis

8 Euro, die mögliche Ersparnis: 30 bis 50 Liter Wasser pro Tag in einem Vier-Personen-Haushalt. Das entspricht 35 bis 50 Euro im Jahr.

- Neue Duschköpfe haben heute eine wesentlich geringere Durchflussmenge als noch vor fünf oder sechs Jahren. Solche Sparbrausen lassen nur noch 10 Liter pro Minute durch und verwenden zudem einen kleineren Strahlwinkel, damit nicht zu viel Wasser ungenutzt an Ihnen vorbeiplätschert. Die mögliche Ersparnis bei täglicher Dusche dürfte bis zu 75 Euro im Jahr ausmachen.
- Spülkastengewichte machen dem Wasservernichter Toilette den Garaus. Sie werden so eingebaut, dass das Wasser nur läuft, solange Sie die Taste wirklich drücken. So verbrauchen Sie beim »kleinen Geschäft« gerade einmal 3 Liter Wasser, wo sonst 30 oder 40 Liter durchrauschen. Selbst vorsichtig geschätzt lassen sich so im Jahr problemlos 20000 Liter Wasser sparen – und damit 60 Euro auf der Wasserrechnung.

Weniger Nebenkosten zahlen

Viele Nebenkostenabrechnungen in Deutschland sind fehlerhaft – mit teuren Folgen für die Mieter, die zu hohe Kosten aufgebürdet bekommen. Die häufigsten

Knackpunkte: Es werden beispielsweise die Kosten leerstehender Wohnungen einfach auf alle Mieter umgelegt. Das ist allerdings nicht zulässig, der Vermieter muss diese Kosten selbst tragen. Ein weiterer Fehler: Die Wohnfläche wird nicht richtig berechnet, sodass der Mieter für mehr Quadratmeter zahlen muss als er eigentlich bewohnt.

Immer wieder tauchen aber auch Posten in der Abrechnung auf, die dort schlichtweg nichts zu suchen haben. So werden Hausmeisterkosten doppelt abgerechnet, weil zum Beispiel der Vermieter die Treppenreinigung über den Hausmeister erledigen lässt, sie aber dennoch extra berechnet – das ist nicht erlaubt. Und auch Reparaturkosten oder die Instandhaltungsrücklage werden auf die Mieter abgewälzt, obwohl der Vermieter hier in der Pflicht wäre.

Auf der nächsten Seite finden Sie eine Tabelle, die Ihnen dabei hilft, die Nebenkostenabrechnung Ihres Vermieters genau unter die Lupe zu nehmen. Ordnen Sie einfach die Positionen Ihrer Nebenkostenabrechnung den dort aufgeführten Positionen zu. Finden Sie dort einen Posten, der hier nicht auftaucht, sollten Sie Ihren Vermieter darauf ansprechen. Wenn das nicht fruchtet, können Sie die Abrechnung vom Mieterverein überprüfen lassen.

Die Nebenkostenabrechnung

Das darf Ihr Vermieter umlegen ...	... und das nicht
• Öffentliche Lasten des Grundstücks • Wasser • Abwasser • Fahrstuhl • Straßenreinigung und Müllabfuhr • Hausreinigung und Ungezieferbekämpfung • Gartenpflege • Schornsteinreinigung • Sach- und Haftpflichtversicherung • Hausmeister/-wart • Gemeinschaftsantenne/ Breitbandkabel • Waschmaschineneinrichtung • Warme Betriebskosten (verbrauchsabhängig) • Sonstige Betriebskosten (im Mietvertrag geregelt)	• Verwaltungskosten und Instandhaltungsrücklagen • Beiträge des Vermieters zu Grundeigentümervereinen bzw. Beiträge zu Rechtsschutzversicherungen • Bankgebühren • Portokosten • Wartungskosten für die Klingelsprech- und Türschließanlage • Zinsen für einen Kredit, um Heizöl einzukaufen • Neuanschaffung des Gartens • Reparaturkostenversicherung • Mietausfallversicherung • Anteilige Hausmeisterkosten, wenn er auch Reparaturen übernimmt • Umweltschädenversicherung • Spülung der Fußbodenheizung • Fassadenreinigung

Telefon, Internet und Handy: Kein Anschluss unter teurer Nummer

Telefon, Handy und ein schneller DSL-Anschluss gehören heute in den meisten Haushalten zur Standardausstattung. Allerdings zahlen die meisten Menschen für diese »Grundversorgung« immer noch viel zu viel – dabei ist es ganz leicht, die Kosten rapide um 50 Prozent und mehr zu senken.

Rechner im Internet nutzen

Die günstigsten Tarife für Telefon, Handy und DSL lassen sich im Internet problemlos recherchieren, wenn Sie auf die zahlreichen Rechner zurückgreifen, die angeboten werden. Aber wann lohnt es sich für Sie, die Rechner zu benutzen? Einen Besuch wert sind sie auf jeden Fall, wenn:

- teure Telefonate ins Ausland anstehen, weil Sie mithilfe der Rechner den wirklich günstigsten Anbieter für jedes einzelne Telefonat finden;

- Sie dauerhaft Ihren Anbieter wechseln wollen, mit dem Sie telefonieren oder ins Internet gehen, weil die Rechner einen optimalen Überblick über die besten Angebote am Markt finden;
- Sie derzeit das Gefühl haben, für das Telefonieren oder Ihren Internetzugang zu viel zu bezahlen, weil die Seiten Ihnen zeigen, welche (günstigeren) Alternativen es gibt;
- Interesse besteht, über aktuelle Angebote und Preisaktionen informiert zu werden, weil die zahlreichen Newsletter Sie »frei Haus« mit allen Informationen versorgen;
- Sie Angebote suchen, die zu Ihrem individuellen Nutzerverhalten passen, denn alle Seiten geben Ihnen die Möglichkeit, Angebote zu finden, die haargenau zu Ihrem Telefon- oder Surfverhalten passen.

Sie wollen recherchieren? Hier eine Übersicht über die besten Rechner im Internet:

Internetrechner

Telefon	*www.biallo.de/telefon* *www.billiger-telefonieren.de*
Handy	*www.handytarife.de* *www.teltarif.de/h/*
Internet	*www.geldsparen.de/inhalt/rechner/Internet/DSLrechner.php* *www.verivox.de/internet*

Flatrates genau prüfen

Flatrates bei Telefon, Handy und Internet sind verlockend – lohnend sind sie dagegen nur selten, und nicht wenige Nutzer zahlen vor allem beim Festnetz und beim Handy drauf, wenn sie sich für eine Flatrate entscheiden. Mit anderen Worten: Ohne Flatrate sparen Sie richtig Geld.

Ein ganz normaler Telefonanschluss bei der Telekom kostet Sie derzeit 17,95 Euro. Mit einer »Deutschland-Flatrate« werden dagegen 29,95 Euro fällig und damit 12 Euro mehr. Da in dieser Flatrate nur Gespräche innerhalb Deutschlands und nur ins Festnetz inbegriffen sind, müssten Sie schon 413 Minuten im Monat telefonieren, um wenigsten nicht draufzuzahlen. Nehmen Sie sich einmal Ihre alten Telefonrechnungen vor und kontrollieren Sie, wie lange Sie wirklich telefonieren – im Schnitt dürften die meisten vom Festnetz aus kaum zwei Stunden im Monat telefonieren! Und damit kostet Sie die Flatrate unnötig Geld.

Vollkommen umsonst telefonieren

Sie wollen beim Telefonieren sparen? Dann bezahlen Sie doch am besten gar nichts! Gespräche zum Nulltarif sind nämlich kein Wunschdenken mehr, sondern für jeden, der Zugang zum Internet hat, möglich. Lediglich die normalen Gebühren für Ihren Internetzugang fallen an. Welche Möglichkeiten Sie haben, lesen Sie hier:

Den spendablen Peter müssen Sie kennen Mit der Webseite *www.peterzahlt.de* können Sie kostenlos ins deutsche, aber auch ins ausländische Festnetz telefonieren. Dazu müssen Sie auf der Website nur Ihre eigene Festnetznummer angeben und die des Gesprächspartners. Dann werden Sie automatisch verbunden. Wenn Sie sich registrieren lassen, können Sie immerhin eine halbe Stunde völlig umsonst telefonieren.

Kostenlos Firmen anrufen Als Internetnutzer können Sie über die beiden Auskunftsseiten *Das Telefonbuch* und *Das Örtliche* bis zu 30 Minuten kostenlos Unternehmen anrufen. Das funktioniert so: Sie gehen auf eine der Seiten *www.telefonbuch.de* oder *www.das-oertliche.de* und geben dort den Firmennamen und den entsprechenden Ort ein. Erscheinen dann die gewünschten Daten, klickt man auf das daneben stehende Telefonhörer-Zeichen (manchmal steht dort auch noch zusätzlich »gratis anrufen«). Anschließend gibt man seine eigene Telefonnummer inklusive Vorwahl ein. Ist die gewünschte Leitung frei, wird zunächst eine Verbindung zur eigenen Rufnummer hergestellt und dann der ausgewählte Teilnehmer angerufen. Der Service ist in der Regel in der Zeit von 6 bis 22 Uhr verfügbar und die Dauer des Gratistelefonats auf 30 Minuten limitiert. Bei einigen Unternehmen können Anrufe jedoch auch rund um die Uhr verfügbar und die Dauer des Gratistelefonats unbegrenzt sein.

Unbegrenzt telefonieren mit Skype Ebenfalls ohne weitere Kosten funktioniert der Internetdienst *Skype*. Das Programm können Sie kostenlos unter *www.skype.com* herunterladen und dann, mit einem schicken Headset ausgestattet, mit allen Freunden und Bekannten, die ebenfalls über Skype verfügen, telefonieren, chatten und sogar Videotelefonate führen – weltweit und kostenfrei.

Sonderrufnummern: Fallen umgehen!

0900, 0800, 0137 und noch viel mehr: Sonderrufnummern sind heute allgegenwärtig, ob nun beim Hotline-Anruf oder bei der Gewinnspielteilnahme. Aber was die Anrufe wirklich kosten, das weiß kaum jemand. Gut zu wissen: Wie teuer eine Sonderrufnummer ist, hängt vor allem von der letzten Ziffer der Vorwahl ab. Zusätzlich entscheidet das Ausgangsnetz, aus dem heraus telefoniert wird, über die Kosten. Auf der folgenden Seite finden Sie eine Übersicht, wie viel Sie welcher Anruf kosten kann.

Was Telefonieren kosten kann

Service-Nummer	Preise / Bemerkungen
0800	Freecall. Immer für den Anrufer kostenlos.
00800	Freecall. Kostenlos. Hiermit sind Anrufe aus dem Ausland möglich.
0180 1	3,9 Cent pro angefangene Minute
0180 2	6 Cent pro Gespräch (Festpreis)
0180 3	9 Cent pro angefangene Minute
0180 4	20 Cent pro Gespräch (Festpreis)
0180 5	14 Cent pro angefangene Minute
0900	0900-Rufnummern sind ohne Ausnahme frei tarifierbar. Einzige Einschränkung: Es dürfen nur 0,00 bis 3,00 Euro pro Minute oder 0,01 bis 10,00 Euro pro Anruf (in 1-Cent-Schritten) berechnet werden. Pflicht: Eine kostenlose Ansage oder Displayanzeige muss den Anrufer vorher jeweils über den aktuellen Preis informieren! Anhand der Vorwahl lässt sich ein Dienst inhaltlich einordnen. 0900–1-Rufnummern sind für Informationsdienste vorgesehen, 0900–3 für Unterhaltungsdienste und 0900–5 für sonstige Dienste, darunter fallen auch Erotikinhalte. Der Inhaber der Nummer kann über die Homepage der Bundesnetzagentur *www.bundesnetzagentur.de*, Stichwort »Nummernverwaltung«, ermittelt werden.
0137 1	14 Cent pro Anruf
0137 2	14 Cent pro angefangene Minute
0137 3	14 Cent pro angefangene Minute
0137 4	14 Cent pro angefangene Minute
0137 5	14 Cent pro Anruf
0137 6	25 Cent pro Anruf
0137 7	1 Euro pro Anruf
0137 8	50 Cent pro Anruf

Service-Nummer	Preise / Bemerkungen
0137 9	50 Cent pro Anruf
0138	14 Cent pro angefangene Minute
0700	Die sogenannten »Persönlichen Rufnummern« haben unabhängig vom Wohnort eine »eigene Vorwahl« (eine bundesweit einheitliche Dienstkennzahl 700), dahinter folgt die Teilnehmerrufnummer. Montag bis Freitag von 9 bis 18 Uhr 6,3 Cent pro angefangene 30 Sekunden, für die übrige Zeit 6,3 Cent pro angefangene Minute.

Quelle: biallo.de

Krisentipp: 0180-Nummern austricksen und sparen

Ärgert Sie das auch: Sie wollen bei einem Versandhändler anrufen, haben eine Beschwerde oder möchten Informationen und landen bei einer 0180-Nummer, die mit bis zu 14 Cent pro Minute oder 20 Cent pro Anruf zu Buche schlägt? Dann tricksen Sie die Anbieter jetzt aus: Statt die horrenden Gebühren zu zahlen, wählen Sie sich einfach direkt beim Anbieter ein und zahlen Sie nur die normalen Gesprächsgebühren. Welche Nummern Sie dafür wählen müssen, erfahren Sie mithilfe der Seite *www.0180.info.* Dort finden Sie eine Datenbank, die Ihnen die 0180-Nummer »übersetzt« in eine normale Rufnummer irgendwo in Deutschland. In die Datenbank können Sie zum einen eine 0180-Nummer eingeben und bekommen dann die Direktwahl, oder Sie geben einen Firmennamen ein und erhalten die Direktnummer. Da einige 0180-Nummern die Telefonrechnung richtig in die Höhe treiben können, lohnt sich das Nachschlagen vor allem für Nummern, die Sie regelmäßig anrufen.

Teurer Unsinn: Handyversicherungen

Es gibt Versicherungen, die braucht man – und es gibt Policen, die muss man wirklich nicht haben. Dazu gehören Handyversicherungen. Abgesichert sind mit diesen Policen in der Regel Schäden, die durch Diebstahl, Wasser oder Beschädigung entstehen. Und natürlich werden Handys mal gestohlen oder das Gerät erleidet einen Wasserschaden.

Aber der Schutz ist alles andere als billig: So zahlen Sie schon einmal 8 Euro im Monat, um im Schadensfall maximal 900 Euro zu bekommen. Ein teures Vergnügen, vor allem, wenn man sich die Einschränkungen anschaut, die im Versicherungsvertrag je nach Tarif in der Regel vorgesehen sind. Wird das Gerät liegen gelassen, verloren oder irgendwo vergessen, ist es meist nicht versichert, ebenso wenig fallen Schäden durch Witterungseinflüsse unter den Versicherungsschutz. Auch für normale Abnutzung und Verschleiß kommt die Versicherung nicht auf, ebenso nicht für Kratzer und Schrammen. Ist Diebstahl mitversichert, wird nur gezahlt, wenn der Kunde das Gerät »sicher mitgeführt« hat. Verschwindet es aus einer Handtasche, kann es schon Streit geben.

Besonders bei teuren Handys ist allerdings immer davon auszugehen, dass eine Selbstbeteiligung fällig wird – 20 bis 40 Euro müssen für ein neues Handy dann aus eigener Tasche gezahlt werden. Dazu kommt, dass der Versicherer nur den Zeitwert erstattet – Geld für ein vergleichbares, neues Gerät gibt es also nicht. Besonders ärgerlich ist es für Sie, wenn mit einem gestohlenen Handy telefoniert wird. Der Schaden wird nämlich nur in geringem Umfang ersetzt, auch wenn der Dieb Hunderte Euro vertelefoniert.

Ärgerlich ist auch die lange Laufzeit: Die Verträge laufen mindestens 24 Monate – dabei dürfte das Gerät bereits nach einem Jahr so stark an Wert verloren haben, dass ein Versicherungsschutz völlig unnötig ist.

Die Alternative zu den Policen steckt übrigens meist im eigenen Versicherungsordner: Das Handy ist oft durch die eigene Hausratversicherung geschützt, wenn diese vorhanden ist – und zwar ohne einen Euro Aufschlag. Das kann zum Beispiel der Fall sein, wenn der Handybesitzer auf offener Straße Opfer eines Raubüberfalls wird. Voraussetzung ist dann jedoch auch, dass der Überfall der Polizei gemeldet wird. Das Fazit: Sparen Sie sich das Geld für die Versicherung und vertelefonieren Sie es lieber!

Krisentipp: Beim Handykauf nicht auf die Tarifberatung der Anbieter setzen

Wenn Sie glauben, dass Sie in einem der zahlreichen Telefonläden der diversen Anbieter beim Handykauf gut aufgehoben sind, sollten Sie sich das besser abschminken. Untersuchungen ergeben immer wieder, dass Kunden ohne Vorwissen meist lang laufende Verträge aufgeschwatzt werden, aus denen es dann zumeist für zwei Jahre kein Zurück mehr gibt. Setzen Sie lieber auf das Internet. Zum einen bekommen Sie dort in aller Regel die besten Angebote, können die Tarife und das Kleingedruckte genau studieren und haben ein Rücktrittsrecht wie bei allen Internet-Käufen, denn bei der Handybestellung via Internet greift das Fernabsatzgesetz. Selbst wenn Sie bereits mit dem Gerät telefoniert haben, haben Sie Anspruch auf eine Rückgabe und Stornierung des Vertrages, auch wenn immer mehr Anbieter das in ihren Allgemeinen Geschäftsbedingungen umgehen wollen.

Fiese Handyfallen im Urlaub vermeiden

Erinnern Sie sich noch daran, wie es früher war, von der Straße aus irgendwo anzurufen? Sie mussten Kleingeld sammeln und Münze für Münze in den Apparat quetschen – und wenn Sie endlich eine Verbindung hatten, war das Geld schon nach der Begrüßung weg. Mit dem Handy ist es heute herrlich einfach, von fast überall auf der Welt nach Hause zu telefonieren. Aber leider ist es auch teuer – es sei denn, Sie kennen die fiesesten Kostenfallen:

Roaming Kaum aus dem Flieger ausgestiegen und schon fühlt sich Ihr Handy ganz heimisch am Urlaubsort – es wählt sich gleich automatisch in ein Telefonnetz vor Ort ein. Das ist natürlich sehr praktisch, hat aber einen Haken: Denn Ihr Handy wählt sich natürlich nicht immer in das billigste Netz ein. Werfen Sie vor der Abreise einen Blick in die Liste der Roaming-Partner Ihres Netzbetreibers – die finden Sie auf der Website Ihres Anbieters. Suchen Sie sich den billigsten Anbieter heraus und stellen Sie Ihr Handy dann im Urlaub manuell auf dieses günstige Netz ein – wie das geht, erfahren Sie in der Bedienungsanleitung des Handys.

Urlaubs-SMS Wir Deutschen simsen uns die Finger wund – auch und gerade im Urlaub, weil es doch so viel einfacher ist, als Urlaubskarten zu schreiben. Aber die Gebühren für SMS sind im Ausland teilweise horrend hoch, auch wenn jetzt eine Begrenzung eingeführt wird. Noch mehr ins Geld gehen übrigens MMS, also das Versenden von Bildern via Handy: Pro übertragenem Bild können Gebühren von mehreren Euro anfallen! Informieren Sie sich vorher über die Gebühren und lassen

Sie die Finger davon, wenn es zu teuer wird. Beruhigt sein können Sie allerdings beim Empfangen von Kurznachrichten. Für eintreffende SMS entstehen Ihnen keine Mehrkosten.

Mailbox Sehr unangenehm kann sich die Mailbox auf Ihrer ersten Handyrechnung nach dem Urlaub bemerkbar machen. Werden Sie nämlich angerufen und sind nicht erreichbar, fallen zuerst die Roaming-Gebühren für den Anruf ins Ausland an und danach gleich die Kosten für die Umleitung auf die Mailbox. Falls Sie keine dringenden Anrufe erwarten, schalten Sie Ihre Mailbox während des Urlaubs ganz ab. Oder Sie wählen die »absolute Rufumleitung«, bei der alle Anrufe gleich auf die Mailbox weitergeleitet werden, bevor Roaming-Gebühren anfallen.

Datenübertragung Haben Sie ein Handy, mit dem Sie am Urlaubsort ins Internet gehen können? Auch bei diesen Handys verlangen die Netzbetreiber von Ihnen (zusätzlich zu den deutschen Gebühren) noch einmal zwischen 69 und 99 Cent pro 50 abgefragten Kilobyte – schon mit ein paar Mails wird aber ein Vielfaches dieser Datenmenge verbraucht. Die Folge: Sie belasten Ihr Handybudget mit extrem hohen Gebühren. Auch wenn eine EU-weite Neuregelung die Kosten begrenzt, die Datenhandys bleiben echte Groschengräber. Gehen Sie lieber ins Internetcafé und fragen Sie dort für 2 oder

3 Euro pro Stunde Ihre Mails in aller Ruhe und günstig ab.

Calling-Cards und Prepaidkarten für den Urlaub Wenn Sie Ihr Handy im Ausland nutzen, sind die Gesprächsgebühren im Schnitt höher als bei uns in Deutschland. Wenn Sie weniger zahlen wollen, müssen Sie auf Calling-Cards ausweichen. Verwenden kann man sie sowohl für Vertrags- als auch für Prepaid-Handys. Kaufen kann man die Calling-Cards bequem am Kiosk, in Bahnhofsshops oder im Internet. Und so funktionieren sie: Man wählt zuerst auf seinem Handy eine kostenlose Einwahlnummer, gibt die Nummer auf der Karte ein und wählt anschließend die gewünschte Rufnummer. Sehr praktisch: Wenn gerade einmal kein Netz fürs Handy verfügbar ist, können Sie die Calling-Card auch wie eine normale Telefonkarte in der Telefonzelle nutzen. Wenn Sie regelmäßig im gleichen Land Urlaub machen, kommen für Sie Prepaid-Karten eines Netzbetreibers im Ausland als Alternative infrage. Wie bei uns in Deutschland kaufen Sie einfach eine SIM-Karte mit einer Rufnummer und vertelefonieren das Guthaben auf der Karte. Gespräche nach Deutschland und vor allem ins Netz des Gastlandes sind dabei deutlich günstiger als mit der deutschen Karte.

Freizeit, Reisen und Mobilität: Sparsam unterwegs

Natürlich sparen wir in der Krise dort, wo es am einfachsten ist: bei den Dingen, die nicht lebensnotwendig sind. Und dazu gehören vor allem die Kosten für Urlaube, Freizeitgestaltung und Mobilität – die Fahrten zur Arbeit einmal ausgenommen. Aber bevor Sie jetzt Ihren Urlaub zusammenstreichen und dem Freizeitspaß komplett entsagen: Vieles von dem, was wir gerne nach Feierabend, am Wochenende oder im Urlaub machen, geht auch günstiger.

Krisentipp: Auf Krisen-Spar-Programm umschalten
Oft sind es nicht die Wochenendausflüge an sich, die das Budget zu sehr belasten. Denn mit günstigen Bahntickets kommen selbst größere Familien für kleines Geld an fast jedes Ziel. Es sind eher die »Nebenkosten«, die ins Geld gehen: Eis essen, Andenken kaufen, ein Kaffee hier, eine Limo dort. Schalten Sie bei solchen Nebenkosten auf Sparbetrieb: Packen Sie sich Getränke ein, verzichten Sie

auf einen Boxenstopp im Café und genießen Sie lieber, dass Sie die Möglichkeit zum Ausflug haben, auch wenn der anders als früher ist – das gilt natürlich auch, wenn Sie in den Urlaub fahren.

Wirklich billig fliegen

Venedig für 1 Euro, Mallorca für 19 Euro und New York für den Preis eines Wochenendeinkaufs – möchten Sie bei diesen Angeboten nicht auch gleich ins Flugzeug steigen? Aber wenn man wirklich einmal fliegen möchte, zahlt man irgendwie immer mehr. Fakt ist: Fliegen kann richtig günstig sein – vorausgesetzt, Sie kennen die Tricks der Airlines und wissen, wie Sie an richtig günstige Flugtickets kommen.

Antizyklisch fliegen Grundsätzlich müssen Sie sich vor Augen halten, woran eine Airline richtig Geld verdient: an den Businessreisenden, die auf bestimmte Flugzeiten angewiesen sind. Morgens hin zum Geschäftstermin, abends zurück. Am Freitag ins Wochenende, am Montag zum ersten Kunden. Für Sie heißt das: Solche Zeiten sind tabu, wenn Sie wirklich günstig in die Luft gehen wollen. Fliegen Sie frühmorgens, mittags oder spätabends, dienstags bis donnerstags, aber vergessen Sie's am Montag und Freitag um 8 oder um 17 Uhr sowie am Sonntagabend gegen 19 Uhr: Dort sind jede Menge Geschäftsreisende unterwegs, die nach Hause oder ins Hotel wollen. Und da denen der Preis mehr oder weniger egal ist (der Termin drückt, die Firma zahlt), werden die Tickets teurer.

Taktieren – aber richtig! Last-Minute ist immer günstig? Frühbucher sparen immer? Fluggesellschaften reagieren mittlerweile äußerst flexibel. Außergewöhnliche Ereignisse können den Preis nach oben schnellen oder in den Keller rauschen lassen: Das kann ein riesiges Konzert in einer bestimmten Stadt sein oder auch die Preisaktion eines Mitbewerbers. Die Preisentwicklung ist so oder so kaum vorhersehbar. Wenn Sie zu einem bestimmten Termin fliegen müssen, sollten Sie sich frühzeitig ein Ticket kaufen, das im Fall einer Stornierung erstattet wird. So sind Sie sicher, dass Sie auf alle Fälle mitkommen, haben aber gleichzeitig die Möglichkeit, das Ticket gegen ein Billigangebot zu tauschen. Wenn Sie sich regelmäßig informieren möchten, helfen Ihnen Seiten wie *www.opodo.de* oder *www.tbooker.com* dabei.

Angebote nutzen Viele Airlines nutzen vor allem reiseschwache Zeiten für Sonderaktionen, die sich lohnen können. Im Rahmen dieser Aktionen werden Sonderkontingente zu Schnäppchenpreisen freigegeben, die ab einem bestimmten Zeitpunkt buchbar sind. Am besten lassen Sie sich über solche Aktionen per E-Mail-Newsletter informieren. Abonnieren Sie die Newsletter der Airlines – Sie werden dann über Preisaktionen informiert. Sie müssen bei diesen Aktionen schnell zuschlagen, die wirklich günstigen Tickets sind in der Regel tatsächlich innerhalb der ersten 30 oder 60 Minuten ausverkauft!

Preisgestrüpp durchschauen Auch sogenannte Billigflieger sind natürlich nicht ausschließlich in der Luft, um Sie billig von A nach B zu bringen – sie wollen Geld verdienen. Und so wird getrickst und das Geld an anderer Stelle verdient – teilweise ziemlich dreist. Die Folge: Aus einem Billigflug kann auch schnell ein Teuerflug werden. So ist der Flug an sich oft tatsächlich erstaunlich billiger, aber dann kommen die Extrakosten: Für die Gepäckaufgabe, für den Sitzplatz, für Kreditkartenbezahlung, für die Fahrt zum weit entfernt gelegenen Flughafen. Vergleichen Sie also immer die Gesamtpreise, die am Ende fällig werden, und nicht nur den Ticketpreis.

Noch mehr Tipps für günstiges Fliegen

- Nutzen Sie immer das Internet für Flugbuchungen. Im Reisebüro wird in aller Regel ein Aufschlag fällig.
- Denken Sie immer daran: Billigtickets sind kaum stornierbar. Was viele jedoch nicht wissen: Verfallen

kann nur der Ticketpreis, die oft wesentlich höheren Steuern und Gebühren müssen erstattet werden.

- Vermeiden Sie telefonischen Kontakt mit den Billigairlines. So zahlen Sie bei einigen Anbietern für telefonische Anfragen sage und schreibe 99 Cent pro Minute! Damit ist ein zehnminütiges Gespräch teurer als so manches Ticket der Anbieter.
- Vorsicht bei der Buchung: Manche Airline versucht, Ihnen bei der Buchung eine Reiseversicherung unterzujubeln. Lesen Sie am Bildschirm immer die Informationen zu jedem Buchungsschritt aufmerksam durch. So entgeht Ihnen auch der Hinweis auf der Seite nicht, dass Sie mit dem Drücken des »Bestätigen«-Buttons gleichzeitig eine Versicherung abschließen, die Sie vielleicht gar nicht benötigen.

Krisentipp: Billig fliegen – teuer parken? Jetzt nicht mehr!

Mittlerweile kommen Sie mit Glück und geschicktem Buchen für eine Hand voll Euro an jeden beliebigen Ort in Europa – den Billigfliegern sei Dank. Aber das Parken am Flughafen ist immer noch so teuer wie eh und je. Billiger geht es mit privaten Anbietern, die Parkplätze in der Nähe größerer Flughäfen an Sie vermieten – Shuttle-Service zum Gate inbegriffen:

Berlin: *www.park-to-fly.de,*
Telefon: 030 41 19 97 82

Frankfurt:	*www.tourcare.de,* Telefon: 06102 453920
München:	*www.parkfly-service.de,* Telefon: 0811 60095950
Stuttgart:	*www.parkfly-stuttgart.de,* Telefon: 07158 9876560

Günstig(er) verreisen

Urlaub wird durch die kleinen Tipps und Tricks erst schön, die Geld sparen helfen und den Urlaub entspannter und einfacher machen. Einige richtig gute Ideen für Ihren Urlaub finden Sie hier.

Urlaub für lau Urlaub kostet viel Geld? Keinesfalls, Sie müssen nur die richtigen Gratisangebote kennen. Kostenlose Übernachtungsmöglichkeiten finden Sie zum Beispiel unter *www.couchsurfing.com* oder auf *www.globalfreeloaders.com*. Als Mitglied des Hospitality Clubs (*www.hospitalityclub.org*) finden Sie weltweit bei einem Mitglied des Netzes Unterkunft und bieten Ihrerseits Übernachtungsgelegenheiten an – und das alles kostenlos – das gilt auch für die Mitgliedschaft. Zusätzlich gibt es ein Bewertungssystem, mit dem Gastgeber und Gäste sehen können, was auf sie zukommt.

Schlafen und schlafen lassen Die Seite *www.tripmonkey.de* bietet die Möglichkeit, an günstige Schlafplätze weltweit zu kommen – und im Gegenzug seine eigene Wohnung anzubieten. Die Bezahlung erfolgt über eine eigene Währung, die »Monkeys«. Die kann man sich verdienen, indem man entweder sein Sofa zur Verfügung stellt oder indem man sich die Monkeys einfach kauft. Wie viele Monkeys für einen Schlafplatz fällig werden, entscheidet jedes Community-Mitglied selbst. Wenn Sie Monkeys kaufen wollen, kostet 1 Monkey 2,99 Euro, für 20 Monkeys sind 49,99 Euro fällig. In Deutschland gibt es jetzt 350 Schlafplätze, die meist schon für 1 Monkey erhältlich sind.

Unterhaltung zum Nulltarif Wenn man schon für lau übernachtet, darf auch das Entertainment gerne umsonst sein. Unter *www.clubfreetime.com* gibt es Angebote für Dublin und New York, unter *http://gospain.about.com* gibt es eine Übersicht über kostenlose Veranstaltungen und Events in spanischen Städten und in vielen anderen Großstädten, wenn Sie bei der Suche »free activities« eingeben. Manchmal reicht auch die Eingabe »*Städtename* for free« in Ihre Internetsuchmaschine und Sie bekommen zig Angebote für Ihre Wunschstadt angezeigt.

Städtetour nebenbei Wenn man auf langen Flügen unterwegs ist, ergeben sich oft längere Zwischenstopps, die man am Flughafen verbringen muss, weil man sich in der jeweiligen Stadt nicht auskennt. Wenn das bei Ihnen so ist, kann Ihnen geholfen werden: Unter *www.stopover-info.de* finden Sie alle Stopover-Programme, die von den Fluggesellschaften bei Flügen nach und von Australien angeboten werden. Dazu gehören vor allem günstige Hotelübernachtungen (zum Beispiel bei Emirates in Dubai), Shopping- und Restaurantrabatte (zum Beispiel bei Singapore Airlines) sowie Transfers in die jeweiligen Städte. Andere Stopover-Programme finden Sie auf den Homepages der jeweiligen Fluggesellschaften.

Reiseführer gratis Sie wollen kein Geld für Reiseführer ausgeben? Brauchen Sie auch nicht, wenn Sie einen MP3-Player besitzen. Unter *www.iaudioguide.com* finden Sie Reiseführer für Dutzende Reiseziele. Gratis und einfach zum Runterladen. Und wenn Sie schon gerade dabei sind, Ihren MP3-Player zu bestücken: Unter *www.vorleser.net* gibt es Hörbücher zum Nulltarif. Spart Reisegepäck und bares Geld.

Günstiger Währungsumtausch Sparen lässt sich im Urlaub außerhalb der Eurozone auch beim Geldwechsel. Generell ist der bargeldlose Einkauf mit EC- oder Kreditkarte am günstigsten. Denn in diesem Fall werden die niedrigsten Umtauschgebühren verlangt. Wenn Sie Bargeld am Automaten ziehen, zahlen Sie ebenfalls nur geringe Umtauschgebühren. Denken Sie daran, dass einige Geldinstitute mit Partnern im Ausland zusammenarbeiten, bei denen die Auszahlung am Automaten dann kostenlos ist – so können beispielsweise Kunden der Deutschen Bank in den USA bei der Bank of America kostenlos Geld abheben.

Vorne sitzen Wollten Sie im Flugzeug schon immer mal »vorne sitzen«, in der Business- oder First Class? Und das zu einem Preis, der nicht mehreren Monatsgehältern entspricht? Dann besuchen Sie doch einfach mal die Seite *www.vornesitzen.de*. Dort finden Sie jede Menge Angebote für günstige Business- und First-Class-Flüge.

Lastminute aus dem Discounter – warum nicht? Aldi, Lidl und andere Lebensmitteldiscounter machen es mittlerweile ebenso wie Tchibo oder Praktiker: Reisen werden zwischen Wurst, Kaffee und Bohrmaschinen verkauft. Ob sich's lohnt? Ein klares Jein. Viele Reisen sind preislich schwer mit Katalogangeboten zu vergleichen, weil es genau diese Reisen nirgendwo gibt. Wenn man die Preise aber vergleichen kann, sind die angebotenen Reisen oft um einiges günstiger als direkt beim Anbieter. Vor der Buchung lohnt sich auf jeden Fall ein Preisvergleich, damit Sie am Ende beim Discounter nicht mehr zahlen als beim Reiseveranstalter oder -anbieter selbst. Hier finden Sie die Discounterangebote:

- *www.aldi-reisen.de*
- *www.lidl-reisen.de*
- *www.plus.de*
- *www.praktiker.de* (wenn es aktuell Angebote gibt)
- *www.penny-reisewelt.de*
- *http://reisen.tchibo.de*

Verreisen mit eBay? eBay wird von vielen Urlaubern noch nicht als Reiseportal wahrgenommen, dabei findet man dort tolle Schnäppchen: Flugtickets, die der ursprüngliche Urlauber nicht mehr nutzen kann, gibt es dort gelegentlich für ein paar Euro, Hotels nutzen eBay, um dort Leerstände in lauen Zeiten zu reduzieren, und Reiseveranstalter verkaufen potenziellen Neukunden Kurzreisen als Appetitmacher auf mehr. Zum Stöbern nach möglichen Reiseschnäppchen ist die Seite ideal – gerade, wenn der Urlaub unmittelbar bevorsteht.

Das ganze Programm der Billigflieger nutzen Billigflieger sind mittlerweile viel mehr als nur Billig-*Flieger*: Sie bieten mittlerweile auch billige Hotels an, günstige Mietwagen und auch Komplettangebote. Diese Pakete müssen (wie auch die Flugangebote selbst) nicht immer günstig sein, aber sie können sich als echte Schnäppchen entpuppen. Wenn Sie also ohnehin noch eine Unterkunft am Zielort suchen, dann schadet es sicherlich nicht, wenn Sie sich einmal ein entsprechendes »Flug-

und-Hotel«-Angebot machen lassen. Woanders buchen können Sie dann ja immer noch!

Urlaub ohne Mietwagenstress

Einen Mietwagen zu buchen ist eigentlich die einfachste Sache der Welt – wären da nicht das Kleingedruckte im Vertrag, die manchmal etwas gewöhnungsbedürftige Preisgestaltung und die vielen kleinen Fußangeln, die aus der billigen Mobilität ein teures Problem machen können. Sieben Tipps, wie Sie ganz einfach einen Mietwagen buchen und nutzen, lesen Sie hier.

Clever buchen Am günstigsten lassen sich Mietwagen im Internet buchen. Neben den zahllosen Preisvergleichsseiten sollten Sie aber ruhig auch die Seiten von Europcar, Avis und Co. sowie die Seiten lokaler Anbieter durchstöbern. Oft bekommen Sie dort sehr gute Konditionen! Ebenfalls sinnvoll: Kleinere Anbieter in der Urlaubsregion, die nicht am Flughafen vertreten sind, sondern nur ein Stadtbüro haben. Bei diesen Anbietern sparen Sie die teilweise horrenden Flughafenaufschläge und nicht wenige dieser Anbieter haben einen Flughafen-Service: Entweder holt man Sie vom Airport ab oder aber der Mietwagen wird kostenfrei zum Flughafen geliefert. Die Gelben Seiten des Urlaubsortes helfen bei der Suche.

Vorsicht bei Billigangeboten Die Preise von vermeintlichen Billiganbietern sind auf den ersten Blick sehr günstig, bei genauerem Hinschauen aber zeigt sich, wie der billige Preis zustande kommt: Der Versicherungsschutz ist schlecht, die Mehrwertsteuer noch nicht eingerechnet, es werden zusätzliche Gebühren fällig oder die Freikilometer sind gering. Ebenfalls beliebt: Zusatzkosten für Reinigung, für das Betanken eines angeblich nicht vollen Tanks bei Rückgabe, für Kreditkartenzahlung, die Vertragsausfertigung und, und, und …

Haftung begrenzen Am wichtigsten beim Thema Mietwagen ist die richtige Versicherung. In manchen Ländern sind die gesetzlichen Haftungssummen bei einem Unfall viel zu gering – bei einem schweren Unfall zahlen Sie die Differenz aus eigener Tasche. Ratsam ist eine Absicherung von Sach- und Personenschäden bei Ihrem Mietwagen von bis zu 10 Millionen Euro. In vielen deutschen Kfz-Versicherungsverträgen ist sie inbegriffen, auch Kreditkarten bieten oft umfassenden Schutz, wenn der Wagen mit der Karte bezahlt wird, und nicht zuletzt bieten deutsche Versicherer sogenannte Mallorca-Policen an, die den mageren gesetzlichen Schutz aufstocken.

Richtig versichern Fast alle Autovermieter geben nur vollkaskoversicherte Fahrzeuge heraus, aber Vorsicht: Die Selbstbeteiligungen im Schadensfall sind immens. Begrenzen Sie die Selbstbeteiligung auf Summen, die Sie problemlos zahlen können. Die Autovermieter selber bieten das gegen Zuzahlung an, aber auch Kreditkarten decken dieses Risiko der hohen Selbstbeteiligung heutzutage meist ab.

Genau hinschauen Kontrollieren Sie Ihren Vertrag immer ganz genau: Stimmen die Vertragsinhalte mit der Buchung überein? Sind Selbstbeteiligung, Fahrzeugbeschreibung, Freikilometer sowie die Anzahl und der Name der Fahrer richtig angegeben? Jeder Fauxpas im Vertrag kann Sie teuer zu stehen kommen. Lassen Sie deshalb Fehler korrigieren und verzichten Sie nicht aus einer Urlaubslaune heraus darauf.

Die Übernahme Prüfen Sie den Mietwagen bei der Übernahme innen und außen auf Beulen, Kratzer, Dellen und vollständiges Zubehör. Dokumentieren Sie gemeinsam mit einem Angestellten des Vermieters die Mängel im Vertrag. Überprüfen Sie auch, ob der Wagen verkehrssicher ist: Strafmandate wegen abgefahrener Bremsen, defekter Beleuchtung und Ähnlichem gehen erst einmal zu Ihren Lasten!

Was tun, wenn? Bei einem Unfall oder einem Diebstahl müssen Sie unbedingt die Polizei rufen. Sinnvoll ist es, bei einem Unfall Fotos zu machen und die Namen aller Beteiligten zu notieren. Bei einer Panne bieten die großen Autoversicherer meist Hilfe über Hotlines. Mitglieder der

Automobilclubs können sich auch über deutsche Hotlines Hilfe schicken lassen – damit fällt das Sprachproblem weg!

Urlaub zu Hause kann so schön sein

Dieses Jahr ist kein Urlaub drin? Ganz bestimmt schade, aber auch kein Beinbruch, wenn Sie sich zum Erholen einfach auf Ihre Heimatstadt und Region konzentrieren. Denn es ist doch eigentlich schon sehr unverständlich, dass viele Menschen von den Vorzügen tropischer Badestrände schwärmen können, aber nicht einmal die besten Museen oder die schönsten Sehenswürdigkeiten ihrer Heimatregion kennen. Wer sich informiert, kann auch zu Hause einen unvergesslichen Urlaub verbringen – und dabei eine ganze Menge Geld sparen.

Genießen Sie Ihre Heimat Wenn Sie Ihre Heimat besser kennen lernen wollen, nutzen Sie die Städte- oder Regionenkarten, mit denen Sie einen vergünstigten oder kostenlosen Zugang zu öffentlichem Nahverkehr, Sehenswürdigkeiten und Kultureinrichtungen bekommen. Sie bekommen die Karten bei den Touristeninformationen in den jeweiligen Orten, bei Hotels, bei den regionalen Verkehrsunternehmen, in Reisebüros und die meisten auch im Internet. Eine Übersicht mit Bestellmöglichkeit finden Sie unter *www.geldsparen.de/sparen/Reise/staedtekarten_regionen.php*.

Kino, Ausgehen und Essen mit Rabatt Wenn Sie mal wieder ins Kino gehen, abends ausgehen oder einfach nur essen gehen wollen und dabei auch auf den Euro achten müssen, dann sind Stadtmagazine die richtige Adresse für Sie. Die Stadtzeitungen bieten regelmäßig Gutscheine, Coupons und Vergünstigungen für Kinos, Kneipen und Restaurants an.

Mein Tipp: Bei Kino und Theater sollten Sie auch gezielt auf Vorpremieren und Generalproben setzen. Die sind oft sehr viel günstiger als die normalen Vorstellungen, und Sie kommen sogar in den Genuss, als einer der Ersten einen neuen Film oder ein neues Theaterstück zu sehen.

Krisentipp: Auch Eltern bekommen Urlaub
Gerade junge Familien müssen auf jeden Cent achten – und benötigen doch ebenso dringend hin und wieder etwas Erholung. Um sich einen schönen Abend oder sogar ein ganzes Wochenende zu gönnen, ist normalerweise einiges an finanziellem und organisatorischem Aufwand nötig. Doch wenn sich mehrere urlaubsreife Eltern zusammentun und ein Netzwerk bilden, in dem jeder mal auf die anderen Kinder aufpasst, können Sie sich den Babysitter sparen. Fragen Sie einfach mal bei Ihnen bekannten Eltern im Kindergarten oder in der Schule nach – Sie werden offene Türen einrennen!

DVD und Co. – zum sehr kleinen Preis Natürlich macht eine eigene DVD-Sammlung unglaublich viel Spaß. Und ohne Frage ist es klasse, wenn man die neuesten Wii-Spiele zu Hause hat, von den Blockbustern aus dem DVD-Verleih ganz zu schweigen. Aber wenn das Geld knapper wird, dann lohnt ein Besuch bei der guten alten Leihbücherei. Denn mittlerweile sind dort alle Medien vertreten, die Sie gerne nutzen: CDs, CD-ROMs, DVDs und Konsolenspiele. Eine vernünftige Alternative, wenn Sie günstig an DVDs und mehr kommen wollen. Für einen geringen Jahresbeitrag erhalten Sie Zugriff auf die riesigen Bestände an neuen Medien und Büchern.

Günstiger ins Theater Es gibt nicht nur den Urlaub zum Last-Minute-Preis, sondern auch Opern und Theater. Möglich machen das Theatergemeinden, bei denen Sie Karten mit einem Rabatt von bis zu 20 Prozent bekommen und sich in der Regel auch noch den Aufschlag für den Vorverkauf sparen. Und das für einen geringen Monatsbeitrag, der zwischen 1 und 2 Euro liegt. Dafür bekommen Sie das Recht, vergünstigte Karten zu erwerben. Die Ersparnis für einen durchschnittlichen Besucher: 100 Euro im Jahr. Die Adressen ausgewählter Theatergemeinden finden Sie hier:

Berlin: *www.tg-berlin.de*, Telefon: 0 30–21 29 63 00
Bonn: *www.theatergemeinde-bonn.de*,
Telefon: 02 28–91 50 30

Bremen: Telefon: 04 21–32 58 35

Düsseldorf: *www.theatergemeinde-duesseldorf.de*, Telefon: 02 11–32 68 87

Frankfurt am Main: *www.theatergemeinde-frankfurt.de*, Telefon: 0 69–28 16 26

Hamburg: *www.theatergemeinde-hamburg.de*, Telefon: 0 40–30 70 10 70

Köln: *www.theatergemeinde-koeln.de*, Telefon: 02 21–92 57 42 0

München: *www.theatergemeinde-muenchen.de*, Telefon: 0 89–5 32 97- 1 52

Wiesbaden: *www.theatergmeinde-wiesbaden.de*, Telefon: 06 11–30 34 56

Hohen Benzinpreisen trotzen

Mobilität ist teuer – vor allem, wenn Sie mit dem Auto mobil sind. Clevere Ideen sind also gefragt, um auch weiterhin mit dem eigenen Wagen günstig von A nach B zu kommen.

Als Pendler Mitfahrer finden Geteiltes Benzinpreisleid ist mehr als nur halbes Leid. Denn wenn Sie Mitfahrer für den Weg zur Arbeit finden, dann gelten bei der steuerlichen Absetzbarkeit besondere Regeln. Wenn alle Teilnehmer der Fahrgemeinschaft ihr Auto reihum einsetzen, kann jeder Mitfahrer die Entfernungspauschale geltend machen. Wenn Sie auf der Suche nach potenziellen Mitfahrern sind, helfen Portale wie *www.pendlernetz.de* bei der Suche nach Kandidaten aus der näheren Umgebung.

Car-Sharing nutzen Eine wirklich gute Idee: Gelegenheitsfahrer verzichten auf das eigene Auto und teilen sich mit anderen einen Wagen. Wenn Sie einen fahrbaren Untersatz brauchen, werden Sie Mitglied bei einem der Car-Sharing-Anbieter, hinterlegen eine Kaution, zahlen einen monatlichen Fixbetrag und können sich dann ein Auto leihen, wann immer Sie eines brauchen. Ihr großer Vorteil: Anders als beim eigenen Auto sind Sie nicht auf einen bestimmten Autotyp festgelegt. Wenn Sie viel zu transportieren haben, leihen Sie sich einen Transporter, für den Ausflug an einem sonnigen Wochenende ist dann ein kleiner Sportwagen an der Reihe. Zweiter Vorteil: Anders als bei den bekannten Autovermietern können Sie die Autos auch kurzfristig für eine Stunde mieten – die teure Tagesmiete entfällt. Dritter Vorteil: Ist gerade kein passendes Auto verfügbar, arbeiten die meisten Firmen zu günstigen Tarifen mit professionellen Vermietern oder auch der Bahn zusammen. Ihre Mobilität ist also immer günstig gewährleistet.

Richtig Gas geben Mit Gas angetriebene Autos sind günstiger und umweltfreundlicher als die Benzinkollegen: Der Gasbetrieb ist in aller Regel um rund

50 Prozent günstiger als ein benzinbetriebenes Fahrzeug. Dazu kommt das grüne Gewissen, denn der Ausstoß von Schadstoffen wie Kohlenmonoxid, Kohlenwasserstoff und Stickoxid liegt im Vergleich um bis zu 80 Prozent niedriger als beim Benziner – beim Klimagas Kohlendioxid sind es 25 Prozent. Wer einen Gebrauchtwagen hat, kann sein Auto gegebenenfalls sogar umrüsten lassen. Finanziell lohnt sich die Nachrüstung, denn bei einer jährlichen Fahrleistung von 20 000 Kilometern haben sich die Anschaffungs- und Einbaukosten von bis zu 3 000 Euro wegen der günstigeren Treibstoffkosten in nicht einmal drei Jahren amortisiert.

Schonender fahren Beim Tanken zu sparen ist eine Sache – beim Fahren selbst aber ist wirtschaftliches Denken viel effizienter. Mit den folgenden Tipps lassen sich bequem bis zu 10 Prozent Sprit sparen:

- *Motor warmlaufen lassen ist Unsinn:* Das Warmlaufenlassen des Motors vergeudet wertvollen Treibstoff. Fahren Sie sofort los, denn dabei erreicht der Motor viel schneller die richtige Temperatur als im Leerlauf.
- *Abschalten:* Selbstverständlich sollte sein, dass Sie an Bahnübergängen mit längerer Wartezeit oder auch bei einem langen Stau den Motor abstellen. So sparen Sie Benzin, vermeiden unnötigen Lärm und reduzieren den Abgasausstoß.

- *Vermeiden Sie Kurzstreckenfahrten:* Fahrten unter 5 Kilometern, zum Beispiel zum Brötchenholen oder zum Briefkasten, sind selten wirtschaftlich – erfahrungsgemäß liegt der Verbrauch auf den Kurzstrecken bis zu 40 Prozent über dem Durchschnittsverbrauch.
- *Dachgepäckträger runter vom Dach:* Als feste Einrichtung auf dem Dach erhöhen Gepäckträger, Skiboxen und Co. erheblich (und sinnlos!) den Kraftstoffverbrauch.
- *Vorausschauend und besonnen fahren:* Das schont Auto, Nerven und Portemonnaie. Sparen Sie Benzin und Diesel, indem Sie früh schalten, nicht unnötig beschleunigen und auch im Stadtverkehr hochschalten und nicht im zweiten oder dritten Gang durch die Stadt röhren. Vor allem aber hilft besonnenes Fahren auf Autobahnen: Tempo 120 statt Tempo 180 reduziert den Benzinverbrauch (und damit die Kosten und die Umweltbelastung) um 50 Prozent!

Auf Mietwagen umsteigen Der Preiskampf um die Mietwagenkunden tobt – zu Ihrem Vorteil. Günstige Angebote gibt es vor allem im Internet. Preisnachlässe oder Sonderangebote – alles häufig nur für Online-Kunden möglich. Den einen günstigsten Anbieter gibt es dabei leider nicht – aber das Internetportal *www.autovermietung.de* hilft bei der Suche nach dem passenden Angebot und wählt aus allen Autovermietungen das günstigste Angebot für Sie aus. Achten Sie aber immer auf das Kleingedruckte im Vertrag. Denn trotz Vollkaskoversicherung müssen Sie bei selbstverschuldeten Unfällen einen Teil selbst zahlen – häufig bis zu 5 000 Euro. Ein Risiko, das sich gegen eine Zuzahlung von 10 bis 20 Euro pro Tag oder beim Bezahlen des Wagens mit Kreditkarte zumindest auf eine Zuzahlung von »nur« 300 bis 600 Euro im Schadensfall minimieren lässt.

Krisentipp: Mitfahrgelegenheit nutzen und anbieten

Unter *www.mitfahrgelegenheit.de* haben Sie die Möglichkeit, für Ihre Strecke jemanden zu suchen, der Sie mitnimmt. Sie zahlen anteilig nur die Spritkosten und kommen so zum Beispiel für 15 Euro von Hamburg nach Berlin. Das schaffen Sie selbst mit einem günstigen Bahnticket kaum. Sie können natürlich auch Ihre eigene Fahrt einstellen und Mitfahrer suchen – die Benzinkosten werden minimiert, und Sie lernen auch noch nette Menschen kennen. Professionelle Mitfahrzentralen vermitteln ebenfalls Fahrgelegenheiten, allerdings zahlen Sie dann noch 6 bis 12 Euro Vermittlungsprovision. Schließen Sie bei der Buchung über eine Mitfahrzentrale eine Weiterreiseversicherung ab. Mit der Weiterreiseversicherung bekommen Sie europaweit die Kosten für die Weiterfahrt mit der Bahn zum Zielort ersetzt, wenn auf Reisen mit fremdem

Fahrer eine Panne oder ein Unfall passiert. Die Versicherung kostet rund 1 Euro pro Fahrtstrecke und kann vor Fahrtantritt überall bei den Mitfahrzentralen abgeschlossen werden.

Bahn fahren – bis zu 90 Prozent günstiger

Wenn Autofahren (trotz der Tipps in diesem Buch) zu teuer wird, kann die Fahrt mit der Bahn zu einer echten Preisalternative werden – besonders dann, wenn Sie die folgenden Tipps beherzigen.

Schlicht und einfach 50 Prozent sparen Den Sparpreis mit bis zu 50 Prozent Rabatt bietet die Bahn begrenzt auf einige Plätze im Zug an, wenn Sie sich vor der Buchung auf einen Zug festlegen. Ohne Zugbindung klappt der 50-Prozent-Rabatt mit der BahnCard 50, die in der zweiten Klasse zurzeit 225 Euro und in der ersten Klasse 450 Euro kostet. Die BahnCard 25 bietet 25 Prozent Nachlass und kostet 57 Euro in der zweiten beziehungsweise 114 Euro in der ersten Klasse. Mit der BahnCard lassen sich alle Züge ohne Bindung nutzen! Die BahnCard 25 lässt sich sogar mit dem Sparpreis kombinieren. Auf das 50-Prozent-Ticket gibt es dann noch einmal 25 Prozent Nachlass – damit fahren Sie im besten Fall mit 62,5 Prozent Rabatt!

Das 29-Euro-Versprechen Sie wollen von Freiburg nach Kiel mit der Bahn fahren? Kein Problem, das Ticket zweiter Klasse kostet Sie regulär 127 Euro. Allerdings bietet die Bahn auch Tickets zwischen 29 und 69 Euro an, die jedoch nur begrenzt erhältlich sind. Selbst das teuerste Billigticket ist mit 69 Euro fast um die Hälfte günstiger als der reguläre Fahrpreis. Wenn Sie wissen, mit welchem Zug Sie fahren wollen oder müssen, bietet dieses Angebot die ideale Sparmöglichkeit.

Krisentipp: Sondertickets nutzen

Die Bahn bietet Reisenden Sondertickets an, die auf bestimmte Strecken oder bestimmte Zeiträume begrenzt sind. Wenn Sie Ihre Reisepläne danach ausrichten können und wollen, sparen Sie immens viel Geld. Ein Beispiel: das Bayern-Ticket für 28 Euro. Wenn Sie von Erlangen an den Ammersee wollen, zahlt eine Person hin und zurück bereits über 60 Euro – mit dem Bayern-Ticket können fünf Personen zusammen für nicht einmal 30 Euro fahren! Die Ersparnis: 90 Prozent!

Auf ein schönes Wochenende Auch das ist ein Hit: Das Schönes-Wochenende-Ticket gilt bundesweit am Wochenende in allen Nahverkehrszügen und in vielen Verkehrsverbünden. Fünf Personen können so theoretisch einen Tag durch Deutschland fahren – für 37 oder 39 Euro (Internet- beziehungsweise Automatenverkauf).

Wenn also fünf Berliner einen Tagesausflug nach Hamburg machen, sparen sie gegenüber dem regulären Ticket fast 85 Prozent! Gerade bei mehr als zwei Reisenden lohnt sich das Schönes-Wochenende-Ticket auch schon bei kürzeren Reisen. Auf jeden Fall macht es Sinn, vor einer Buchung die regulären Preise mit den Konditionen des Schönes-Wochenende-Tickets zu vergleichen!

Verschiedene Routen checken Sie wollen von Berlin nach Frankfurt mit der Bahn fahren? Kein Problem, das Ticket zweiter Klasse kostet Sie regulär 111 Euro – oder 87 Euro, wenn Sie statt über Hannover über Erfurt fahren. Beim Buchen sollten Sie sich daher immer alle möglichen Alternativrouten anschauen.

Gruppen-Tickets kaufen Gruppen mit mindestens sechs Reisenden können im Fernverkehr gemeinsam buchen und richtig sparen. Bei einer Buchung 14 Tage vor Reiseantritt gibt es für alle 70 Prozent Rabatt auf den Normalpreis, bis zu sieben Tage vorher sind es 60 Prozent, bis zu einer Stunde vorher immer noch 50 Prozent. So kostet eine 14 Tage vor Abfahrt gebuchte Reise von Leipzig nach Nürnberg nicht mehr 59 Euro, sondern nur noch 17,70 Euro! Auch im Regionalverkehr fahren Gruppen günstiger und bekommen 50 Prozent Rabatt!

Altersvorsorge und Versicherungen: Sicher reich sparen

Nur Geldwissen verhindert Geldfehler und unterstützt Sie beim Sparen – auch (und gerade) in der Wirtschaftskrise. Besonders bei der Altersvorsorge und bei der Wahl der richtigen Versicherung können Geldfehler riesige Schäden anrichten und Sie teuer zu stehen kommen, weil Sie Sparpotenzial verschenken. Aber Geldwissen braucht Beratung, und da liegt das Problem: Unabhängige Beratung kostet Geld, und das sind die meisten Menschen nicht bereit zu zahlen – weil sie sparen wollen. Ein Fehler: Denn am meisten sparen Sie bei der Altersvorsorge und beim richtigen Versicherungsschutz, wenn Sie am Anfang etwas investieren und damit teure Fehler vermeiden, für die Sie sonst vielleicht ein Leben lang zahlen müssten.

Lassen Sie sich in Zukunft nur noch unabhängig beraten, zahlen Sie dafür ruhig Geld und lassen Sie sich im Gegenzug gegebenenfalls fällige Provisionen (ganz oder teilweise) auszahlen, die der Berater für die Vermittlung bekommt. Berater finden Sie zum Beispiel für Ihre Geldanlagen unter *www.fpsb.de* auf der Website des Financial Planning Standards Board. Beim Thema Versicherungen helfen staatlich zugelassene Versicherungsberater, die gegen Honorar ohne Provisionsinteressen völlig neutral und unabhängig beraten.

Altersvorsorge: Clever sparen auch in der Krise

Viele Menschen stehen der Altersvorsorge hilflos gegenüber, weil sie ihnen zu kompliziert und komplex erscheint. Dabei lässt sich erfolgreiche Vorsorge auf zwei Grundregeln reduzieren: Nutzen Sie staatliche Förderungen, und achten Sie auf die Kosten, die bei Fondssparplänen, Depots, Versicherungen und Co. fällig werden.

Sparen nur mit staatlicher Förderung

Der Staat bietet zig Möglichkeiten, sich bei der Altersvorsorge unterstützen zu lassen – Sie müssen die Hilfe nur annehmen. Selbstverständlich, sagen Sie? Mitnichten, viele Sparer nehmen die staatliche Hilfe nicht in Anspruch, weil sie sie nicht kennen, weil sie glauben, keinen Anspruch zu haben oder wegen eines falschen Verständnisses der Chancen und Risiken. So denken viele Sparer, dass die Riester- und Rürup-Förderung im Alter hohe Steuernachzahlungen auslöst, weil die geförderten Renten im Alter ja in der Regel voll besteuert werden. Das stimmt, allerdings ist das Einkommen der meisten Menschen im Alter so gering, dass sie überhaupt keine oder nur sehr geringe Steuern zahlen müssen. Und das bedeutet: Selbst wenn die Renten steuerpflichtig sind, fallen tatsächlich keine Steuern an! Diese staatlichen Förderwege können Sie nutzen:

Riester Die Riester-Rente gilt mittlerweile als solides Standbein der Altersvorsorge. Sie zahlen Ihr Geld ein, und aus dem angesparten Vermögen, den Zinsen und den Zulagen bekommen Sie später eine Rente. Gefördert werden die Verträge zum einen durch Zulagen, zum anderen haben Sie die Möglichkeit, die Beiträge als Sonderausgaben abzusetzen: So besteht die Möglichkeit, zusätzlich zu der Zulagenförderung einen weiteren Steuerbonus einzustreichen.

Krisentipp: Mit Riester die Abgeltungsteuer umgehen

Wenn Sie in den kommenden Jahren Geld in einen Sparplan stecken, dabei aber die Abgeltungsteuer umgehen wollen, können Sie auf das Riester-Modell zurückgreifen. Bei einem übersparten Riester-Vertrag oder einem ungeförderten Neuvertrag können Sparer so viel Geld in den Vertrag einzahlen, wie sie wollen, ohne dass die Abgeltungsteuer in der Ansparphase zum Einsatz kommt. Zu Beginn der Auszahlungsphase kann das Kapital aus den ungeförderten Verträgen beziehungsweise den überzahlten Beiträgen ohne Begrenzung entnommen werden – und auch in diesem Fall kommt die Abgeltungsteuer nicht zum Zug, wenn der Vertrag mindestens zwölf Jahre lief und die Auszahlung frühestens mit 60 Jahren erfolgt. In diesem Fall gelten die gleichen Regeln wie bei Lebensversicherungen: Der Gewinn ist lediglich mit dem halben Unterschiedsbetrag zwischen Auszahlungs- und Einzahlungsbetrag steuerpflichtig.

Rürup Die Rürup-Rente ist nichts anderes als eine private Rentenversicherung mit besonderen Spielregeln, die als Ergänzung zur staatlichen Rente gedacht ist. Die Beiträge zu einem Rürup-Vertrag sind als Altersvorsorgeaufwendungen absetzbar – wie die Beiträge zur gesetzlichen Rente –, und so sparen Sie Steuern, indem Sie vorsorgen. Allerdings können die Beiträge erst ab dem Jahr 2025 zu 100 Prozent abgesetzt werden, bis dahin geht das nur anteilig (2009 zu 68 Prozent).

Betriebliche Altersvorsorge Die betriebliche Altersvorsorge kann auf verschiedenen Wegen gefördert werden. Betriebsrenten als Direktzusage oder aus einer Unterstützungskasse bleiben grundsätzlich steuerfrei. Die Beiträge zu Direktversicherungen, Pensionskassen und Pensionsfonds sind bis zu 4 Prozent der Beitragsbemessungsgrenze in der gesetzlichen Rentenversicherung steuerfrei und werden darüber hinaus bis zu weiteren 1 800 Euro steuerfrei gestellt. Außerdem profitieren beide Varianten von einer Sozialversicherungsfreiheit: Bei Betriebsrenten gilt das erneut unbegrenzt, für alle anderen Durchführungswege sind ebenfalls die 4 Prozent der Beitragsbemessungsgrenze sozialversicherungsfrei.

Auf die Kosten kommt es an

Sie brauchen für die Altersvorsorge eine vernünftige Rendite weit jenseits der Tagesgeldkonditionen, die gerade einmal die Inflation ausgleichen. Die einen versuchen diese Rendite an der Börse zu erzielen, andere setzen auf Fondssparpläne, wieder andere auf Versicherungsprodukte. Aber eines verbindet alle Vorsorgesparer: Auf Dauer bringt Ihr Investment Ihnen nur dann etwas, wenn Sie die Kosten niedrig halten. Denn jeder Prozentpunkt Kosten bedeutet einen Prozentpunkt Rendite weniger! Gerade jetzt in der Krise, wo das Geld zum Sparen für die Rente nicht mehr so locker sitzt, lohnt es sich besonders auf die Kosten zu achten, um aus dem Spargroschen das Optimum herauszuholen. Treten Sie bei der Altersvorsorge konsequent auf die Kostenbremse!

Ordergebühren reduzieren Wenn Sie auf Fonds setzen, sollten Sie die erwirtschaftete Rendite zumindest zum

Großteil einstecken können und nicht mit Gebühren belasten. Deshalb sollten Sie Fonds niemals über Banken kaufen, die den regulären (bis zu 6 Prozent sind möglich) Ausgabeaufschlag verlangen und zusätzlich sogar noch Depotgebühren kassieren (mehr dazu gleich). Wechseln Sie als Alternative zu sogenannten Fondsdiscountern wie zum Beispiel *www.fondsvermittlung24.de*, die Fonds ohne Aufschlag anbieten oder nur einen Teil der regulären Aufschläge verlangen. Es lohnt sich! Bei 100 Euro monatlicher Sparsumme über 30 Jahre und 8 Prozent Rendite macht der Unterschied über 7000 Euro aus, wenn Sie einen Fonds ohne Ausgabeaufschlag statt einem mit 5 Prozent nehmen. Und selbst bei 2,5 Prozent Ausgabeaufschlag haben Sie am Ende noch fast 4000 Euro mehr auf der Bank.

Depotgebühren sparen Depotgebühren von 60 Euro und weit mehr sind keine Seltenheit in Deutschland. Deprimierend, denn dieses Geld können Sie sich wirklich sparen: Die großen Direktbanken (zum Beispiel die ING-DiBa) locken mit einem Gratisdepot und günstigen Konditionen für den Wertpapierkauf und -verkauf.

Transaktionskosten senken »Kunden schütteln« – So nennen Berater es, wenn sie sich ans Telefon setzen und Sie als Kunden anrufen, weil es Zeit zum Umschichten des Depots ist. Dahinter versteckt sich der Wunsch des Beraters, dass Sie Wertpapiere verkaufen und dafür andere kaufen. Denn nur dann fließen neue Provisionen. Geben Sie nach, wird Ihre Rendite in neun von zehn Fällen durch sinnlose Transaktionen geschmälert, während Banken und Berater sich die Taschen auf Ihre Kosten vollstopfen. Geben Sie diesen Vorschlägen nicht nach, wenn der Berater nicht wirklich einen guten Grund nennen kann und Ihnen den auch schriftlich bestätigt.

Hohe Provisionen vermeiden Egal, ob Sie nun eine Rentenversicherung als Altersvorsorge oder einen Fondssparplan für den Riester-Vertrag wählen: Sie zahlen als Kunde die Provisionen für die Verkäufer über Ihre monatlichen Beiträge mit. Lassen Sie sich deshalb genau ausrechnen, wie teuer Sie der Abschluss eines Vertrags zu stehen kommt. Nur so können Sie auch die Rendite und die Aussichten des Investments beurteilen.

Überlegt sparen beim Versicherungsschutz

Die Mehrzahl der Deutschen ist falsch und viel zu teuer versichert. Sinnlose und überteuerte Policen belasten die Haushaltskasse. Und gerade in der Krise fehlt dieses Geld an allen Ecken und Enden. Noch schlimmer: Der falsche Versicherungsschutz gaukelt Ihnen einen Schutz vor, der gar nicht oder ganz anders als gedacht vorhanden ist. Wichtiger Schutz hingegen fehlt: Gegen Schadensersatzansprüche sind die wenigsten versichert, obwohl jedem jederzeit an jedem Ort ein Missgeschick passieren kann, dessen finanzielle Folgen immens sind – der fehlende Schutz dagegen ist umso unverständlicher, als eine private Haftpflichtversicherung gerade mal den Preis eines Abendessens beim Italiener verschlingt. Auch die eigene Arbeitskraft ist oft nicht geschützt. Während Hunderttausende Haushalte sich gegen Lappalien wie gebrochene Ceranfelder (die gerade mal ein paar Euro kosten) teuer versichern, wird die eigene Arbeitskraft (die über das gesamte Leben nicht selten ein Millionenvermögen darstellt) einfach unversichert gelassen.

Es gilt also, unnötige von notwendigen Versicherungen zu unterscheiden: Niemand kann sich gegen jedes Risiko im Leben versichern, deshalb sind viele Versicherungen schlichtweg überflüssig. Den »Rundumschutz« gibt es nur in der Werbung – und er ist meist auch gar nicht nötig, weil es viel ökonomischer ist, kleinere Schäden aus der eigenen Tasche zu bezahlen, als dafür jahrelang Geld in eine Versicherung zu stecken.

Trennen Sie sich von Policen, die Sie in aller Regel nicht brauchen und die Ihnen jetzt in der Krise helfen, Kostenballast abzuwerfen und bares Geld zu sparen. Das sind die »Flop 7« der unnötigsten Versicherungen:

Flop 1: Wohnungsschutzbriefe Hausrat- und Gebäudeversicherungen bieten mittlerweile Policen mit sogenannten Schutzbriefen an. Bei diesen Policen gibt es als Zusatzservice beispielsweise Hilfe, wenn die Tür ins Schloss fällt und von einer Fachfirma geöffnet werden muss. Auch ein Sanitär-, Elektro-, Rohrreinigungs- oder Heizungsinstallateurservice sowie eine Schädlingsbekämpfung werden organisiert, und bei der Gebäudeversicherung wird auf Wunsch die Renovierung nach einem Schaden, wie zum Beispiel einem Rohrbruch, in der Wohnung übernommen. Der Aufschlag dafür: Je nach Versicherer, versichertem Objekt und Versicherungsort: 20 Prozent und mehr. Ein heftiger Aufschlag für die Serviceleistungen, die im Regelfall jeder selbst organisieren kann.

Flop 2: Krankenhaustagegeldversicherungen Die Versicherung zahlt eine Summe X, wenn man im Krankenhaus liegen muss. Die Liegezeiten in den Krankenhäusern werden jedoch immer kürzer, viele Operationen ambulant durchgeführt. Wenn der Patient aber nach Hause geschickt wird, bekommt er kein Geld mehr von der Krankenhaustagegeldversicherung und der Schutz läuft ins Leere. Was aber auch nicht weiter schlimm ist: Denn der Arbeitgeber muss ohnehin im Krankheitsfall das Gehalt weiterzahlen, und wer von der gesetzlichen Versicherung kein Krankengeld bekommt, der kann mit einer Krankentagegeldversicherung vorsorgen – die Krankenhaustagegeldversicherung ist dabei nur noch ein Sahnehäubchen, das zusätzliche Kosten wie zum Beispiel den Fernseher im Zimmer, das Telefon oder die Krankenhausgebühr abdecken kann – aber dafür braucht niemand eine Versicherung abzuschließen!

Krisentipp: Versicherungen rechtzeitig kündigen
In aller Regel sind Versicherungsverträge zum Ende der Vertragslaufzeit (meist Jahresende) kündbar, wenn die Kündigungsfristen (vier Wochen bis drei Monate) eingehalten werden. Langzeitverträge mit fünf und mehr Jahren Laufzeit können jährlich gekündigt werden. Für Laufzeiten bis zu drei Jahren gilt die jährliche Kündigung aber nicht, hier kann erst zum Ende der Vertragslaufzeit gekündigt werden.

Aber: Erhöht der Versicherer den Beitrag, ohne die Leistungen zu verbessern, dürfen Sie als Kunde aussteigen. Auch nach einem Schaden dürfen Sie sofort aus dem Vertrag aussteigen und bekommen dann anteilig und taggenau abgerechnet Ihren Jahresbeitrag zurück.

Flop 3: Neue Sachversicherungen Eine Vielzahl neuer Sachversicherungen haben in den letzten Jahren zusätzlich zum schon bestehenden Angebot den Markt überschwemmt. Der Versicherungsschutz für Ceranfelder, Handys, Waschmaschinen und andere mögliche Kleinstschäden ist in der Regel aber überflüssig: Die mögliche Schadenssumme ist so gering, dass fast jeder sie problemlos aus der eigenen Tasche bezahlen kann – und solche Risiken müssen nicht versichert werden. Grundsätzlich sollten nur Versicherungen abgeschlossen werden, wenn das Risiko finanziell nicht beherrschbar ist.

Flop 4: Rechtsschutzversicherung Zu den überflüssigen Policen zählt oft auch eine Rechtsschutzversicherung, und zwar aus zwei Gründen: Zum einen ist der Schutz in der Regel nicht existenziell und dafür sehr teuer. Und zum anderen ist er (wenn er gewünscht wird) auf anderem Wege günstiger oder sogar gratis zu bekommen: In den einzelnen Sparten etwa bei den Mietervereinen, dem Automobilclub oder der Gewerkschaft. Diese Organisationen bieten Versicherungsschutz für ihren Bereich an und das nicht selten für eine niedrigere Prämie als Versicherungsgesellschaften für ihre vergleichbaren Policen verlangen.

Flop 5: Kapitalversicherungen Unsinnig sind auch die Versicherungen, die eigentlich gar keine sind: Die Kapitalversicherungen, wie die Renten- und die Kapitallebensversicherung. Denn beide sind nichts anderes als Sparverträge, aus denen der »Versicherte« das angesparte Geld plus Zinsen und Überschussbeteiligung erhält – und bei der Kapitallebensversicherung gibt es noch einen kleinen Schutz im Todesfall obendrauf, der aber für einen umfassenden Schutz viel zu gering ist. Das Problem dieser beiden Policen: Die Sparverträge sind mager verzinst und der Sparer muss sich für mindestens zwölf Jahre und bis zum 60. Geburtstag binden, um in den Genuss einer ermäßigten Besteuerung zu kommen. Das führt dazu, dass jeder zweite Vertrag vor Ende der Laufzeit aufgelöst wird und viele Sparer kaum Zinsen und manchmal nicht einmal das eingezahlte Geld zurückerhalten. Mit Versicherungsschutz hat das wenig zu tun – abgeschlossen werden sollten die Verträge nur, wenn sie als Geldanlage sinnvoll sind.

Flop 6: Reisegepäckversicherungen Überflüssig sind in der Regel auch Reisegepäckversicherungen, die gerne von Reisebüros mitverkauft werden. Pro 1 000 Euro Reisegepäckwert werden Prämien zwischen 20 und 40 Euro fällig – und richtig gut versichert ist damit niemand, denn den Reisenden darf am Verlust des Gepäcks keine Mitschuld treffen, und das heißt in der Realität: Wer so gut auf sein Gepäck aufpasst, wie der Versicherer es verlangt, dem wird es auch nicht gestohlen! Dazu kommt, dass in vielen Fällen ohnehin die eigene Hausratversicherung den Schaden zumindest zum Teil übernehmen muss – und das ganz ohne zusätzliche Prämie.

Krisentipp: Den Existenz-Test machen
Sie lesen hier, welche Versicherungen in der Regel unsinnig sind. Für die Zukunft sollten Sie vor dem Abschluss einer Versicherung immer selbst den »Existenz-Test« machen. Beantworten Sie sich selbst die Frage, ob ein eventueller Schaden, gegen den Sie sich versichern wollen, Sie wirklich existenziell bedrohen würde, wenn Sie keine Versicherung hätten. Ich garantiere Ihnen: Bei der einen oder ande-

ren Police werden Sie nach ein bisschen Überlegen zu dem Ergebnis kommen, dass Sie einen Schaden problemlos aus eigener Tasche bezahlen könnten – und wofür brauchen Sie dann eine Versicherung?

Flop 7: Assistance-Policen Unfallversicherer bieten seit einiger Zeit ein Paket mit Hilfsleistungen durch Haushaltshilfen, Krankenpfleger, Fahrdienste oder einen Einkaufsservice an – getreu dem Motto: Wer verunfallt ist, soll sich um nichts kümmern. Kombiniert werden diese Hilfsdienste mit den klassischen Leistungen einer Unfallversicherung, bestehend aus Kapitalabfindung entsprechend dem Invaliditätsgrad und einer Rentenzahlung bei einer Invalidität von mehr als 50 Prozent. Der Aufpreis für die Zusatzleistungen liegt im Bereich von mindestens 30 Prozent – nicht gerade eben wenig, vor allem, weil Unfallversicherungen als Policen ohnehin nur von zweifelhaftem Nutzen sind. Denn die körperliche Unversehrtheit und die Arbeitsfähigkeit sollten über eine Berufsunfähigkeitsversicherung abgesichert werden, die nicht nur bei Unfällen hilft, sondern auch bei krankheitsbedingter Invalidität. Wenn aber eine Unfallversicherung abgeschlossen wird (als Zusatzschutz oder als Ersatz, wenn keine Berufsunfähigkeitsversicherung abschließbar ist), sollten die Zusatzleistungen trotzdem kritisch geprüft werden – nicht jeder ist im

Falle eines (Un-)Falles wirklich auf die Hilfe der Versicherung angewiesen.

Diese Versicherungen sollten Sie unbedingt haben

- ☐ Haftpflichtversicherung
- ☐ Berufsunfähigkeitsversicherung
- ☐ Lebensversicherung
- ☐ Pflegezusatzversicherung

Gegebenenfalls auch

- ☐ Gebäudeversicherung (als Eigentümer)
- ☐ Hausratversicherung (je nach Wert des Hausrates)
- ☐ Reiseversicherungen (private Auslandskrankenversicherung, Reiserücktrittversicherung, Reiseabbruchversicherung)

Krisentipp: Das Internet nutzen!

Nie war es einfacher, Versicherungen und ihre Preise und Leistungen miteinander zu vergleichen: Dem Internet sei Dank! Nutzen Sie dieses Medium, wann immer es geht. Besuchen Sie mein Versicherungsportal *www.optimal-absichern.de* oder eines der anderen Vergleichsportale wie zum Beispiel *versicherungsvergleich.org* oder *versicherungscheck24.de* – dort können Sie Angebote einholen, Prämien, Leistungen und Versicherer vergleichen und sich damit die Informationen besorgen, die Sie im Gespräch mit einem Versicherungsverkäufer zu einem gleichwertigen Gesprächspartner machen. Und Sie können dort natürlich auch Versicherungen günstig abschließen.

Einkommen, Steuern und Zinsen: Mehr einnehmen in der Krise

Manchmal reicht Sparen alleine nicht aus, um die ganz persönlichen Folgen des Einzelnen in der Wirtschaftskrise aufzufangen. Dann müssen Sie nach der Ausgabenminimierung an der anderen Geldschraube drehen – an Ihren Einnahmen. Und auch wenn die Möglichkeiten dabei natürlich begrenzt sind, gibt es viele Wege, mehr Geld auf das Konto zu bekommen.

Nettogehalt erhöhen mit steuerfreien Gehaltsextras

Wenn das Bruttogehalt in der Krise nicht mit den steigenden Kosten mitwächst, müssen Sie daran arbeiten, dass Sie trotzdem unter dem Strich mehr Geld zur Verfügung haben. Steuerfreie Gehaltsextras wie die folgenden helfen dabei:

Chef zahlt das Auto In vielen Firmen bekommen Mitarbeiter Firmenwagen, die sie auch privat nutzen können. Ein Modell, das sich lohnt. Denn auch wenn Sie für die private Nutzung Steuern zahlen müssen, sparen Sie sich auf der anderen Seite die teilweise horrenden Kosten für ein eigenes Fahrzeug.

Ein Mittelklassewagen wie beispielsweise der VW Golf kostet Sie im Jahr im Schnitt 1200 Euro zusätzliche Steuern – fahren Sie täglich damit 20 Kilometer zur Arbeit, werden im Jahr noch einmal bis zu 700 Euro Steuern fällig, die aber durch die Pendlerpauschale ausgeglichen werden. Der Steuerlast von 1200 Euro stehen aber satte Ersparnisse gegenüber: Für einen VW Golf IV müssen Sie bei 20000 Kilometer Fahrleistung im Jahr bis zu 6000 Euro Kosten für Unterhalt, Benzin, Wertverlust, Inspektionen und Reparaturen rechnen.

Ihr Vorteil: 4800 Euro, denn 1200 Euro höhere Steuern stehen einer Ersparnis von 6000 Euro gegenüber!

Chef zahlt die Tankrechnung Ihr Chef darf Ihnen einmal im Monat etwas Gutes tun und Ihnen einen Benzingutschein im Wert von maximal 44 Euro zukommen lassen – auf dieses kleine »Geschenk« müssen Sie weder Steuern noch Sozialabgaben zahlen. Und das Beste daran: Der Wert der Benzingutscheine muss in der Steuererklärung auf die Entfernungspauschale nicht angerechnet werden.

Ihr Vorteil: Sie erhalten vom Chef im Jahr 528 Euro ohne Abzüge zusätzlich!

Billigkredit vom Chef In vielen Firmen können Sie als Mitarbeiter von Ihrem Arbeitgeber zinslose oder zinsverbilligte Darlehen erhalten, deren Konditionen weit unter denen auf dem freien Markt liegen: Sie erhalten ein Darlehen mit Mini-Zinsen und müssen nur die Differenz zwischen den marktüblichen Konditionen minus 4 Prozent und Ihrem tatsächlichen Zinssatz als geldwerten Vorteil versteuern.

Zahlen Sie bei der Bank also volle 5 Prozent Zinsen und Ihr Chef verlangt gar keine Zinsen von Ihnen, sparen Sie die 5 Prozent, die bei der Bank fällig gewesen wären, und müssen nur den geldwerten Vorteil von 1 Prozent (5 Prozent von der Bank abzüglich 4 Prozent Abschlag) versteuern.

Ihr Vorteil: Bei einem Zehn-Jahres-Darlehen über 20 000 Euro mit 5 Prozent Zinsen zahlen Sie bei einer Bank rund 5 300 Euro Zinsen. Wenn Ihr Chef Ihnen diese erlässt, müssen Sie nur einen fiktiven Zins von 1 Prozent versteuern, worauf selbst bei einem Spitzensteuersatz nur rund 500 Euro Steuern fällig werden. Ihre Ersparnis: Bis zu 5 000 Euro!

Gut versichert Schließt Ihr Arbeitgeber für Sie als Vorsorge für den »Fall der Fälle« eine Unfallversicherung ab, können Sie den Schutz zum Nulltarif erhalten. Die Voraussetzung dafür: Die Rechte aus dem Versicherungsvertrag stehen dem Arbeitgeber zu, der die Versicherungsleistung dann an Sie weitergibt. In diesem Fall sind die gezahlten Beiträge für Sie steuer- und sozialversicherungsfrei.

Ihr Vorteil: Sie sparen die Kosten einer Unfallversicherung: Die Kosten dürften jährlich zwischen 150 und 300 Euro liegen.

PC zum Nulltarif! Ihr Chef darf großzügig sein und Ihnen einen Computer schenken oder zu einem verbilligten Preis überlassen – das Finanzamt darf diesen Vorteil nur mit einer Pauschalsteuer von 25 Prozent belegen, und die kann Ihr Arbeitgeber auch noch übernehmen. Sie bekommen also einen funkelnagelneuen Computer zum Nulltarif, denn auf den pauschal versteuerten Preis werden auch keine Sozialabgaben fällig. Diese Regelung gilt übrigens nicht nur für den PC mit seinem Zubehör: Der Arbeitgeber darf Ihnen auch – zusätzlich zum Gehalt – einen Zuschuss zu den Kosten der Internetnutzung geben und ebenfalls nach der gleichen Methode pauschal versteuern.

Ihr Vorteil: Sie erhalten einen neuen Computer samt Internetkosten im besten Fall komplett gratis!

»Kindergeld« vom Chef Kindergarten- oder Krippenplätze kosten heute ein Vermögen. Schön, wenn der Chef diese Kosten übernimmt. Besonders schön für Sie: Leistungen Ihres Arbeitgebers zur Unterbringung – einschließlich Unterkunft und Verpflegung – und Betreuung von nicht schulpflichtigen Kindern der Mitarbeiter in Kindergärten oder vergleichbaren Einrichtungen sind komplett steuer- und sozialversicherungsfrei. Sie müssen also nicht wie andere Eltern die Kosten aus versteuertem Einkommen bezahlen und sich mit mickrigen Steuervorteilen zufrieden geben, sondern können diesen Kostenposten von Ihrer Liste streichen, wenn der Chef mitspielt.

Ihr Vorteil: Sie sparen sich die Kindergartenkosten (monatlich im Schnitt zwischen 200 und 400 Euro!) und müssen für diesen Vorteil weder Steuern noch Sozialabgaben zahlen!

Gehaltsgespräch: Diese Extras sind steuerfrei möglich

- □ Beihilfen des Arbeitgebers in Krankheits- und Notfällen
- □ Bezahlung der BahnCard
- □ Computer vom Arbeitgeber/Zuschüsse zu den Internetkosten
- □ Direktversicherung
- □ Essensmarken und Restaurantschecks
- □ Firmenunfallversicherung
- □ Firmenwagen
- □ Gewährung von Benzingutscheinen
- □ Kostenloser Parkplatz
- □ Leistungen für Kinderbetreuung und Kindergarten
- □ Sachbezüge in geringem Wert (z. B. Benzingutscheine)
- □ Überlassung typischer Berufskleidung
- □ Verbilligte oder kostenlose Gewährung von Waren und Dienstleistungen (Personalrabatt)

- Vermögensbeteiligung
- Zinsgünstige Darlehen vom Arbeitgeber
- Zuschüsse zu den Fahrten zur Arbeit

Noch mehr Steuern sparen

Es gibt zahlreiche Möglichkeiten, wie Sie auf ganz legale Weise Ihre Steuerlast erträglicher machen können. Es ist natürlich optimal, wenn Sie Ihre Gesamtsteuerlast über das Jahr gesehen senken können. Doch auch dann, wenn Sie monatlich etwas mehr Geld zur Verfügung haben (zum Beispiel indem Sie sich Freibeträge eintragen lassen – mehr dazu erfahren Sie gleich!), das Sie ansonsten erst mit dem nächsten Steuerbescheid zurück bekommen hätten, können Sie bares Geld sparen. Sie können das monatliche Mehr an Geld, sofern Sie es nicht dringend benötigen, auf ein Sparkonto einzahlen. Und schon haben Sie am Jahresende noch ein zusätzliches Plus an Zinsen, ohne dass Sie sich irgendwie einschränken mussten!

Das Arbeitszimmer weiter absetzen

Das »Steuersparmodell Arbeitszimmer« gibt es seit dem 1. Januar 2007 nicht mehr. 2006 galt zuletzt die Regelung: Wenn Sie im heimischen Büro Ihren beruflichen Mittelpunkt hatten, konnten Sie die Kosten zu 100 Prozent absetzen. Wer wenigstens 50 Prozent seiner beruflichen Tätigkeit im Home-Office erledigt hat, konnte immerhin noch 1250 Euro steuerlich geltend machen. Die 100-Prozent-Regelung gilt nach wie vor, nur die 50-Prozent- Regelung ist gestrichen. Das heißt: Wenn Sie zum Beispiel einen Nebenjob aus dem heimischen Büro ausüben oder zum Teil im Home-Office arbeiten, schauen Sie in die Röhre: Sie können keinen Cent mehr absetzen.

Etwas anderes gilt nur, wenn Sie gar nicht in einem häuslichen Arbeitszimmer sitzen, sondern im Büro Ihres Chefs – das Sie ihm vermietet haben. Die Finanzämter müssen dieses Modell anerkennen, wenn, so heißt es im Fachjargon, ein vorrangiges betriebliches Interesse daran besteht, ein Zimmer bei Ihnen zu mieten. Das kann der Fall sein, wenn er zum Beispiel im Büro keinen Arbeitsplatz für Sie hat. Wichtig ist daneben, dass Sie einen gesonderten Mietvertrag abschließen, aus dem neben der Höhe der Miete auch hervorgeht, warum er sich bei Ihnen einmietet. Wenn die Voraussetzungen erfüllt sind, kann das Modell sehr lohnend sein.

Ein Beispiel: Sie sind Eigentümer einer Immobilie, in der das Home-Office 20 Prozent der gesamten Wohnfläche einnimmt. Für Ihr Haus zahlen Sie jährlich 12000 Euro Zinsen, die Abschreibung beträgt 3600 Euro, die laufenden Kosten für Strom, Abwasser et cetera betragen 400 Euro monatlich. Für das Büro erhalten Sie 225 Euro Miete monatlich. Für das Finanzamt sieht die Rechnung dann so aus:

Mieteinnahmen:	2700 €
abzgl. Werbungskosten	
20 % der Zinsen	– 2400 €
20 % der Abschreibung	– 720 €
20 % der Nebenkosten	– 960 €
Gesamt	– 1380 €

Das Ergebnis: Mit dem Modell erzielen Sie einen Verlust aus Vermietung und Verpachtung von 1380 Euro. Daraus resultiert bei 35 Prozent Steuersatz ein Steuervorteil von 483 Euro (eventuell zuzüglich Solidaritätszuschlag und Kirchensteuer).

Krisentipp: Schnell das Nettoeinkommen erhöhen

Haben Sie hohe Werbungskosten, belasten die Kinderbetreuungskosten Ihre Haushaltskasse oder können Sie Verluste geltend machen? Dann warten Sie mit der fälligen Steuererstattung nicht, bis der Steuerbescheid kommt. Für diese Kosten können Sie sich vom Finanzamt einen Freibetrag auf Ihrer Lohnsteuerkarte eintragen lassen.

Den auf der Lohnsteuerkarte eingetragenen Freibetrag zieht der Arbeitgeber dann fiktiv von Ihrem Monatsverdienst ab, sodass sich die Lohnsteuer und damit auch der Solidaritätszuschlag und gegebenenfalls die Kirchensteuer vermindern. Einen solchen Antrag auf Lohnsteuerermäßigung können Sie jederzeit bis zum 30. November des jeweiligen Steuerjahres stellen. Für den Antrag gibt es ein Formular, das Sie im Internet einfach auf der Seite *www.finanzamt.de* für jedes Bundesland schnell und unkompliziert herunterladen können.

Mit Handwerkern Steuervorteile sichern

Was immer Sie in den eigenen vier Wänden renovieren, ausbessern oder modernisieren: Bis zu 6000 Euro jährlich sind mit 20 Prozent direkt von der Steuerschuld absetzbar. Das bedeutet: Sie können bis zu 1200 Euro direkt von der fälligen Einkommensteuer abziehen – unabhängig vom individuellen Steuersatz. Steuerlich abziehbar sind nur reine Arbeitskosten für verschiedene Handwerkerleistungen, nicht jedoch die fälligen Kosten für das Material, weil es der Regierung mit der Regelung vor allem darum geht, die Schwarzarbeit einzudämmen. Achten Sie deshalb darauf, dass in der Rechnung beide Positionen getrennt ausgewiesen werden, sonst muss der Anteil an Arbeitslohn geschätzt werden. Absetzbar sind die Kosten für regelmäßige Renovierungsarbeiten und einmalige Erhaltungs- und Modernisierungsmaßnahmen, und zwar sowohl in der Wohnung wie auch auf dem Grundstück.

Krisentipp: Kosten clever aufteilen
Wenn Ihre Handwerkerrechnung bei größeren Arbeiten höher als 6000 Euro ist, kann es sich lohnen, die Arbeiten in zwei Schritten und mit zwei Rechnungen in unterschiedlichen Kalenderjahren ausführen zu lassen. Beauftragen Sie einen Handwerker im November, soll er Ihnen eine Rechnung bis maximal 6000 Euro für das laufende Kalenderjahr ausstellen und eine weitere mit dem Restbetrag im Januar des darauffolgenden Jahres. So haben Sie die Möglichkeit, den Direktabzug in zwei Jahren zweimal in Anspruch zu nehmen.

Gut zu wissen: Der Direktabzug ist unabhängig vom persönlichen Steuersatz, weil Sie den abziehbaren Betrag direkt von Ihrer Steuerschuld abziehen können. Diese Regelung hat allerdings auch einen gewaltigen Haken: Der Vorteil läuft nämlich ins Leere, wenn das steuerpflichtige Einkommen so gering ist, dass keine Steuerschuld entsteht, weil Sie dann nichts abziehen können. Deshalb sollten Sie genau rechnen, wann sich der Direktabzug lohnt: Notfalls verlegen Sie die Arbeit in ein Jahr, in dem der Steuerabzug wieder möglich ist – so verschenken Sie nichts!

Günstige Zinsen sichern

Sie erhöhen Ihr Einkommen nicht nur, indem Sie für Ihr Erspartes die besten Zinsen rausholen. Sie haben jetzt in der Krise auch deutlich mehr Geld in der Tasche, wenn Sie die Zinsen für Kredite dauerhaft senken und überflüssige Nebenkosten tilgen.

Krisentipp: Kredite umschichten
Die Zinsen sind derzeit in der Krise so günstig, dass sich das Umschulden von bestehenden Krediten lohnen kann, weil Sie sofort bares Geld sparen. Bei 36 Monaten Laufzeit variieren die Konditionen von 5,44 bis 12,98 Prozent Effektivzins – bei 6000 Euro Kreditsumme macht das rund 700 Euro Unterschied – dafür lohnt der Wechsel allemal.

Transparente Zinsangebote Wenn Sie Ihr Erspartes (ganz oder teilweise) als Festgeld oder Tagesgeld lukrativ anlegen wollen, sind viele Hürden zu nehmen: So verlangen einige Anbieter ein Mindestguthaben, andere zahlen überdurchschnittlich hohe Zinsen nur für einen Teilbetrag des angelegten Geldes und wieder andere koppeln die Zinsen an den Wertpapierkauf. Zeigen Sie solchen Anbietern die rote Karte. Setzen Sie auf Banken, die dauerhaft gute Zinsen zahlen und Sie nicht über den Tisch ziehen wollen. Sehr gute Angebote ohne die beschriebenen Haken im Kleingedruckten finden Sie unter *www.biallo.de/geldanlage*.

Geben Sie dem Finanzamt so wenig wie nötig ab Der seit 2009 geltende Sparerpauschbetrag lässt von Ihren Zinseinkünften und Spekulationsgewinnen nur noch 801 beziehungsweise 1602 Euro steuerfrei (Alleinstehende/Verheiratete). Diesen Freibetrag können Sie während des Jahres bereits mittels Freistellungsaufträgen nutzen und so den Abzug der Abgeltungsteuer verhindern. Ihre Bank stellt Ihnen entsprechende Papiere bereit.

Kreditfallen umgehen Wenn Sie bei einer Bank gelandet sind, die Ihnen für den gewünschten Kredit gute Konditionen bietet (auch hier hilft die Seite von *www.biallo.de*), heißt das allerdings noch lange nicht, dass Sie auch wirklich das Geld zum Wunschzins bekommen. Denn einige Geldinstitute verlangen von Ihnen den Abschluss einer Restschuldversicherung, die bei Tod oder manchmal auch bei Arbeitslosigkeit die restlichen Kreditraten zahlt. Natürlich macht es Sinn, höhere Darlehen mit einer Risikolebensversicherung abzudecken – aber bei einem Kleinkredit verteuert das die ganze Angelegenheit derartig, dass Sie nicht selten in den Bereich von Wucherzinsen kommen. Grundsätzlich gilt: Sie sollten ohnehin eine Risikolebensversicherung abgeschlossen haben, um Ihre Familie im Todesfall finanziell abzusichern – eine zusätzliche Kreditversicherung ist dann hinausgeworfenes Geld!

Krisentipp: Der günstigste Kredit

Wenn Ihnen die Zinsen von Bankkrediten einfach zu teuer sind, gibt es oft eine günstigere Alternative, an die viele nicht denken oder die sie auch ganz bewusst nicht in Anspruch nehmen: das Verwandtendarlehen. Dabei kann es durchaus Sinn machen, zu Onkel Dieter statt zur nächsten Bank zu gehen. Denn auch wenn vielen (sicherlich nicht zu Unrecht) davor graut, mit Verwandten Geschäfte zu machen, ist es für alle Seiten ein einträgliches Geschäft: Sie können dem Geldgeber problemlos die gleichen Zinsen (oder sogar einen Prozentpunkt mehr) geben, die er selbst bei einer Bank bekommen würde, und zahlen trotzdem immer noch erheblich weniger als bei jeder noch so günstigen Bank!

Wenn Sie mit der Familie oder der Verwandtschaft Geldgeschäfte machen, beachten Sie aber die »Fremdregel«: Alles sollte so geregelt sein, wie auch Fremde miteinander Geschäfte machen. Deshalb sollte es einen Vertrag geben und in ihm eine klare Regelung über die Zinsen, die Rückzahlung und andere Modalitäten.

Günstige Immobilienzinsen jetzt sichern Die Immobilienzinsen sind derzeit niedrig wie lange nicht mehr. Gut für alle, die jetzt Geld brauchen, aber schlecht für diejenigen, die erst in zwei oder drei Jahren ihre bestehenden Darlehen umschulden wollen. Dabei haben Sie die

Möglichkeit, sich die günstigen Zinsen einfach zu reservieren: Möglich machen das Forward-Darlehen, die Sie parallel zu Ihrem jetzigen, aktuellen Darlehen abschließen und laufen lassen. Ausgezahlt wird das Geld, wenn das aktuelle Darlehen abgelöst werden muss. Damit sichern Sie sich die heutigen Niedrigzinsen; zwar müssen Sie meist einen Zinsaufschlag für die Bereitstellung zahlen, kommen aber in ein oder zwei Jahren um die dann mit an Sicherheit grenzender Wahrscheinlichkeit höheren Zinsen herum.

Bessere Zinsen durch überlegtes Umschulden Eine Alternative zum Forward-Darlehen ist die Kündigung des alten Darlehens und der Abschluss eines neuen, günstigeren Vertrags. Ohne die Zustimmung der Bank ist der Ausstieg allerdings nicht möglich, und die Bank lässt sich die Zustimmung gut bezahlen – mit einer Vorfälligkeitsentschädigung als Ausgleich dafür, dass ihr die höheren Zinseinnahmen aus dem Altkredit entgehen. Die Bank kann Ihnen quasi den Zins in Rechnung stellen, der ihr durch die Kündigung Ihres alten Vertrags entgeht.

Zunächst einmal geht die Rechnung für Sie also nicht auf, denn die Ersparnis beim neuen Darlehen zahlen Sie mehr oder weniger direkt als Vorfälligkeitsentschädigung an die Bank. Wenn Sie allerdings am Ende der Laufzeit des jetzigen Vertrags einen wesentlich höheren Zinssatz als heute zahlen müssten, lohnt sich die Umschuldung. Stellen Sie sich vor, Sie kommen durch die Umschuldung aus einem Vertrag heraus, der noch zwei Jahre läuft und Sie 6,5 Prozent Zinsen kostet. Dafür schließen Sie einen Vertrag über 15 Jahre zu 4,5 Prozent Zinsen ab. Sie müssen dann zwar für zwei Jahre Vorfälligkeitsentschädigung zahlen, sichern sich aber danach bis zum Ende der 15 Jahre Traumkonditionen.

Schlusswort

Wenn wir in wirtschaftlich schwierigen Zeiten den Gürtel enger schnallen müssen, muss das nicht immer heißen, dass es uns auch tatsächlich schlechter geht. Was sich ändert, ist die Selbstverständlichkeit beim Geldausgeben: bei dem wir nicht groß darüber nachdenken, was wir genau für unser Geld bekommen. Wenn wir uns diese Sorglosigkeit nicht mehr leisten können oder wollen, dann bedeutet das nichts anderes, als dass wir bewusster mit unserem Geld umgehen. Wir drehen jeden Euro zwei oder sogar drei Mal um – aber dafür bekommen wir dann auch mehr für unser Geld. Wir verhandeln besser, schauen auf den Preis, kaufen billiger ein, streichen Überflüssiges. Und so ist die Wirtschaftskrise auch die Chance, dass es uns finanziell besser geht, obwohl die finanziellen Möglichkeiten eigentlich begrenzter sind, weil wir einfach mehr aus jedem einzelnen Euro machen.

Am wichtigsten aber ist, dass jeder von uns versteht, dass er den Euro nicht nur umdrehen, sondern auch ausgeben muss. Denn der Konsum ist auch in der Krise einer der Motoren dafür, dass die Krise möglichst schnell vorübergeht. Halten wir es also mit dem Philosophen und Staatsmann Sir Francis Bacon, der bereits vor vierhundert Jahren Parolen wie »Geiz ist geil« als sinnlos entlarvte:

Geld gleicht dem Dünger, der wertlos ist, wenn man ihn nicht ausbreitet.